바이올린 어드벤쳐

Lesson Book 1

by Sarah Pope **초급용**

《어드벤쳐 시리즈》바이올린 교재는 비올라, 첼로 교재와
함께 사용할 수 있습니다.
이중주곡, 돌림노래 등 본 교재 수록곡으로
여러 악기를 함께 지도할 수 있습니다.

바이올린에만 해당되는 부분은 별표와 함께
'바이올린 스페셜'이라고 표시되어 있습니다. 

music tree

Foreword

세계적인 스테디셀러 《A New Tune a Day》의 한국어판 《어드벤쳐 시리즈》 전권을 출간하게 된 것을 기쁘게 생각합니다.

최고의 전문가들이 참여하여 '가장 쉽게 시작하면서도, 정확하게 배울 수 있는 교수법'을 다년간 연구하였습니다. 이 교수법을 바탕으로 바이올린, 플루트, 기타 등 15개의 악기, 총 28권의 교재가 개발되었으며, 음대 교수님들과 오케스트라 음악감독 등 권위자의 감수를 통해 우수성을 검증받았습니다.

본 시리즈는 악기를 중간에 포기하는 일이 없도록 누구나 좋아하는 노래, 클래식, 재즈, 크리스마스 캐롤 등 친근한 레퍼토리를 통해 테크닉과 음악성을 동시에 길러주며, 세심하게 구성된 진도와 CD가 실력을 빠르게 쌓을 수 있도록 이끌어줄 것입니다. 각 악기별로 공통된 연주곡도 담겨있어 학교 앙상블 수업이나 동호회 연주회에도 효과적입니다. 바이올린 교재는 첼로, 비올라 교재와, 클라리넷은 색소폰과, 일렉 기타는 베이스 기타, 드럼 교재와 함께 사용할 수 있습니다.

《어드벤쳐 시리즈》로 평생 즐길 수 있는 나만의 악기를 찾고, 음악을 통해 새롭게 펼쳐질 풍요로운 삶을 누리시기 바랍니다.

한국어판 감수를 도와주신 서울대학교 최경환, 김재윤 교수님, 한국예술종합학교 오광호, 이강호, 이성우, 이성주, 이철웅 교수님을 비롯하여 원무연, 이하재, 조장휘, 진우경 교수님께 감사 드립니다.

《어드벤쳐 시리즈》만의 장점

- 교수법을 바탕으로 한 체계적인 진도
- 기초 음악이론과 클리닉을 위한 중간 테스트
- 관련 장비, 자세, 테크닉에 대한 친절한 설명
- 누구나 쉽게 배우는 운지법 차트
- 클래식, 재즈, 팝송 등 연주효과 탁월한 레퍼토리
- 각 레슨마다 학습목표 제시
- 자세와 운지법을 익힐 수 있는 사진과 그림
- 시범연주와 반주가 수록된 CD로 탁월한 연습효과

어드벤쳐 시리즈 구성

	악기 종류별 레슨 교재	병행 교재			악기 종류별 레슨 교재	병행 교재	
관악기	플루트 어드벤쳐 레슨 1, 2	연주곡집	스케일 & 아르페지오 교재	**현악기**	바이올린 어드벤쳐 레슨 1	연주곡집	스케일 & 아르페지오 교재
	클라리넷 어드벤쳐 레슨 1, 2	연주곡집			첼로 어드벤쳐 레슨 1	연주곡집	
	트럼펫 어드벤쳐 레슨 1	연주곡집			비올라 어드벤쳐 레슨 1	연주곡집	
	트롬본 어드벤쳐 레슨 1	연주곡집		**기 타**	클래식 기타 어드벤쳐 레슨 1	연주곡집	
	알토 색소폰 어드벤쳐 레슨 1, 2	연주곡집			어쿠스틱 기타 어드벤쳐 레슨 1	연주곡집	
	테너 색소폰 어드벤쳐 레슨 1	연주곡집			일렉 기타 어드벤쳐 레슨 1	연주곡집	
타악기	드럼 어드벤쳐 레슨 1	연주곡집			베이스 기타 어드벤쳐 레슨 1	연주곡집	
건반악기	피아노 어드벤쳐 레슨 1	연주곡집					

《병행교재》

- **연주곡집**: 레슨 교재 1권 중반부터 병행교재로 함께 배우거나 독주, 앙상블 레퍼토리로 활용하면 좋습니다.
- **스케일&아르페지오 교재**: 모든 악기에 사용할 수 있는 스케일&아르페지오 교재에는 전통 클래식 음악에 사용되는 장음계와 단음계 외에도 록과 재즈 연주에 도움이 되는 블루스, 펜타토닉, 디미니쉬 스케일 등이 수록되어 있어 탄탄한 테크닉을 길러줍니다.

Contents

A New Tune A Day

This book © Copyright 2005 Boston Music Company,
a division of Music Sales Limited

Edited by David Harrison
Music processed by Paul Ewers Music Design
Original compositions and arrangements by Sarah Pope and Janet
Coles Cover and book designed by Chloë Alexander
Photography by Matthew Ward
Model: Martin Young
Backing tracks by Guy Dagul
CD performance by Sarah Pope and Keith Lewis
CD recorded, mixed and mastered by Jonas Persson and John Rose

www.musicsales.com

음악의 첫걸음

보표

줄이 다섯 개라서 오선보라고도 합니다.
음표는 5개의 선 위에 그립니다. 모든 보표에는 악기의 음역을 나타내는 음자리표가 있습니다.

높은음자리표: 주로 선율 악기에 사용

보표에는 마디를 나누는 세로줄이 있습니다.
각 마디의 길이는 동일합니다.

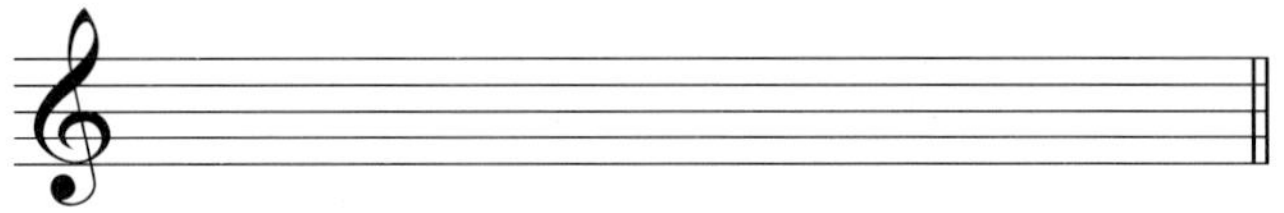

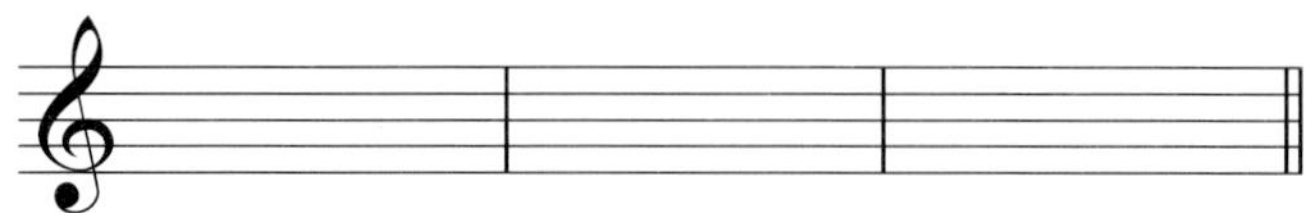

음표와 쉼표의 길이

음표의 길이는 다양한 모양으로 나타냅니다. 음표와 길이가 같은 쉼표도 있습니다.
음표와 쉼표의 이름은 온음표를 몇 개로 나눌 수 있는지를 의미합니다.
온음표를 4로 나누면 4분음표, 8로 나누면 8분음표라고 합니다.

8분음표(반 박) = 8분쉼표(반 박)

4분음표(1박) = 4분쉼표(1박)

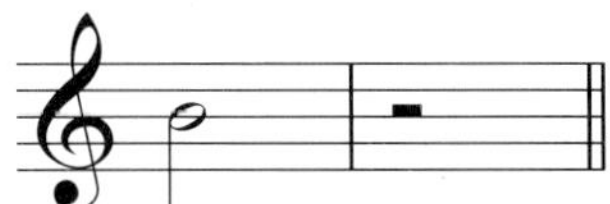

2분음표(2박) = 2분쉼표(2박)

온음표(4박) = 온쉼표(4박)

그 외의 음길이

음표 오른쪽에 점을 찍으면 원래 길이의 절반만큼 음표의 길이가 길어집니다.
예를 들어 점2분음표 하나의 길이는 2분음표와 4분음표를 더한 길이와 같습니다.

8분음표 묶기

둘 이상의 8분음표가 연달아 나올 경우 꼬리를
이렇게 연결할 수 있습니다.

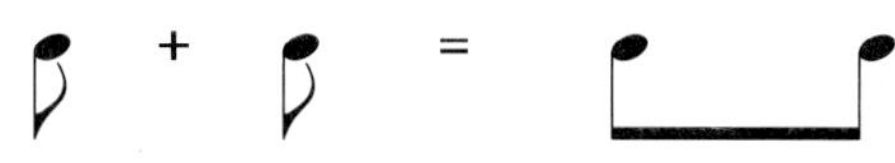

박자표

박자표는 음자리표 옆에 그립니다. 위의 숫자는 한 마디 안에 몇 개의 박이 들어가는지 알려주고, 아래의 숫자는 기준이 되는 음표를 나타냅니다.

음이름

음이름은 알파벳의 첫 일곱 글자에서 가져온 것입니다. 음은 음높이에 따라 보표의 줄이나 칸 위에 그립니다.

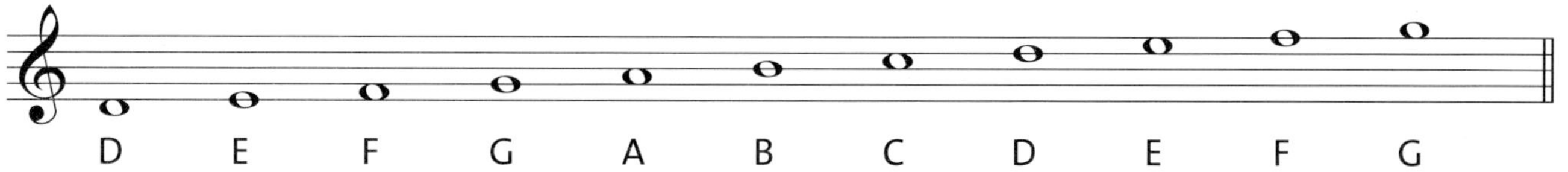

임시표

샵(올림표)이나 플랫(내림표) 같은 임시표 기호를 사용하면 음높이를 반음 내리거나 올릴 수 있습니다.

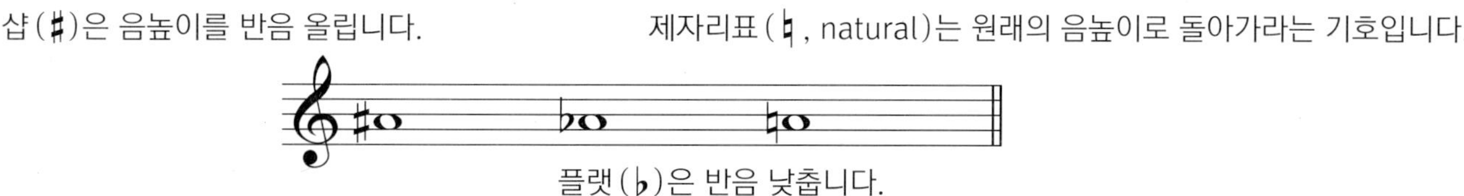

덧줄

보표 밖의 음은 덧줄을 그려 표시합니다.

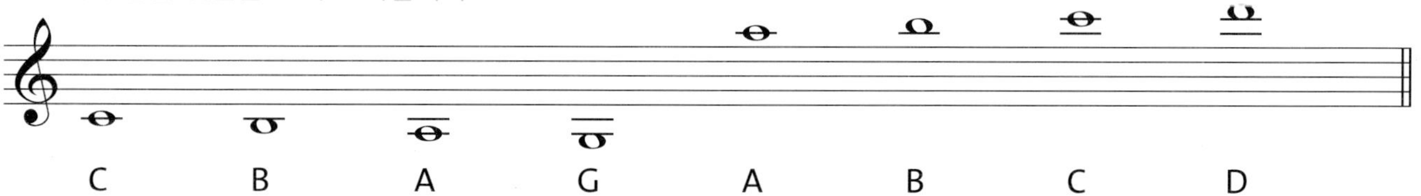

세로줄

여러 가지 종류의 세로줄 :
겹세로줄은 음악의 한 부분이 끝났다는 표시입니다.
끝세로줄은 한 곡이 끝났다는 의미입니다.

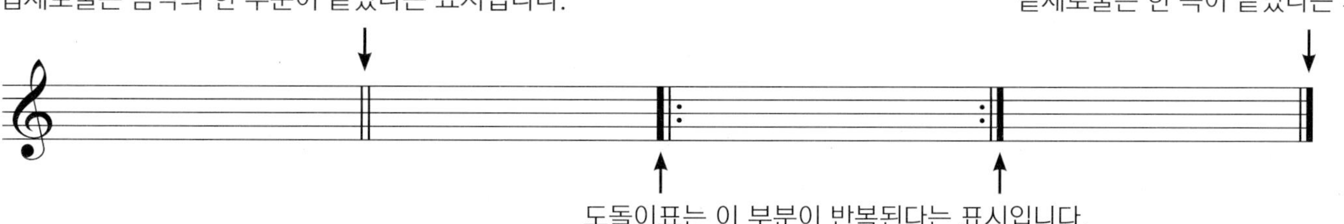

연주에 앞서

액세서리

다음 물건들이 있는지 확인하세요.

- **송진**

  송진은 연주 전에 활털에 바릅니다. 활털을 끈끈하게 만들어
  현에 잘 밀착되도록 해줍니다.

- **융** (악기 닦는 천)

  연주 후 송진 가루를 닦을 때 씁니다.

- **여분의 현**

  세트 또는 낱개로 구매 가능하며 현의 종류는 알파벳이나
  숫자로 구분합니다.
  E현 = I   A현 = II   D현 = III   G현 = IV

- **턱받침**

  일반적으로 악기에 부착되어 있습니다. 편안하게 턱을
  받쳐주며 악기를 보호해주는 기능도 합니다. 교체를 원하면
  따로 구매도 가능합니다.

- **어깨받침**

  턱받침과 마찬가지로 편안한 자세를 도와줍니다.
  다양한 디자인이 있으므로 선생님과 상의하여 자신의 몸에
  맞는 것을 고르세요.

- **보면대**

  눈높이에 맞도록 조절하세요. 보면대가 눈높이에 맞아야
  연주를 할 때 좋은 자세를 유지할 수 있습니다.

- **조율 도구**

  바이올린은 조율을 자주 해야 하는 악기입니다.
  피아노나 전자튜너, 부록 CD의 튜닝 트랙, 소리굽쇠를
  사용하세요. 자세한 조율 방법은 다음 페이지에 있습니다.

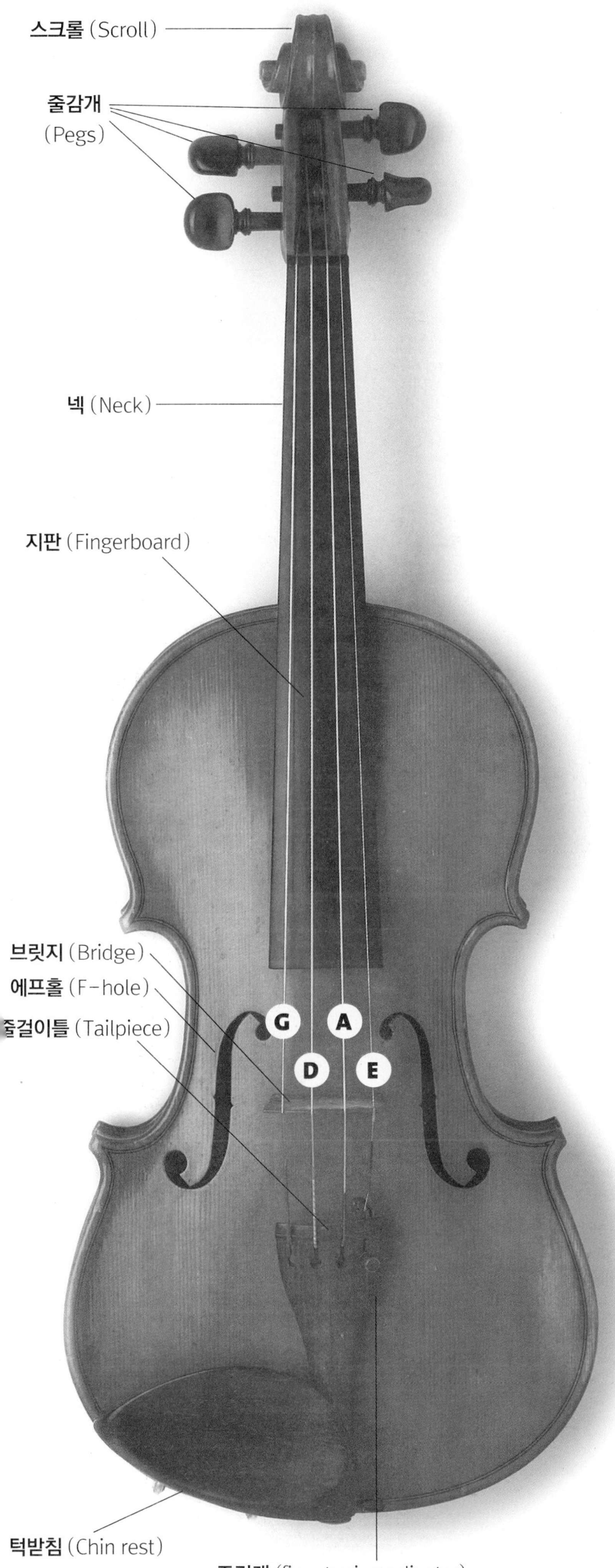

조율하기

줄감개와 조리개

레슨을 받는 경우에는 줄감개와 조리개를 사용하여 조율하는 법을 선생님께 배우세요. 악기에 조리개가 없다면 부착하는 것이 좋습니다. 줄감개보다 사용하기 쉽기 때문입니다. 그러나 악기에 조리개가 없는 이유가 있을 지도 모르므로 그런 경우에는 선생님과 상의하거나 악기사에 문의하세요.

처음에는 줄감개를 다루기가 어렵기 때문에 연습이 필요합니다. 악기에 조리개가 있으면 음이 많이 안 맞을 경우에만 줄감개를 사용하세요.
줄감개로는 원래 음보다 높게 조율해서는 안 됩니다. 현이 끊어질 수 있기 때문입니다. 줄감개로 원래 음보다 약간 낮게 조율하고 미세한 음은 조리개로 맞추세요.

조율은 어떻게 하나

대부분의 연주자들은 A현부터 조율합니다.
오케스트라와 앙상블에서 일반적으로 A음을 기준으로 조율하기 때문입니다.

피아노로 A음을 길게 치거나 부록 CD의 튜닝 트랙으로 A음을 따라 부를 수 있을 때까지 들어보세요.

다음에는 A현을 퉁기거나 활로 그으면서 그 음을 따라 불러보세요. 그리고 피아노나 CD와 같은 소리가 나는지 들어보세요.

음이 낮으면 조리개를 시계 방향으로 돌려 현을 조이고 음이 높으면 조리개를 시계 반대 방향으로 돌리세요.

현을 새로 갈면 충분히 늘어날 때까지는 자주 풀어질 수 있습니다. 악기에 충격이 가면 조율이 풀릴 수 있으니 조심스럽게 들고 다니세요.

바이올린과 활 관리하기

악기

바이올린의 소재는 나무입니다 (주로 단풍나무와 소나무).
따라서 너무 춥거나 건조하거나 습한 환경에 노출되면
현이 풀리거나 악기가 갈라질 수 있습니다.
악기를 항상 적당한 온도에 보관하세요.

난방기 근처나 차 안에 악기를 보관하지 마세요.

케이스가 약간 커서 바이올린이 잘 고정되지 않는다면
고무 패드를 넣거나 실크 천으로 악기를 감싸주세요.

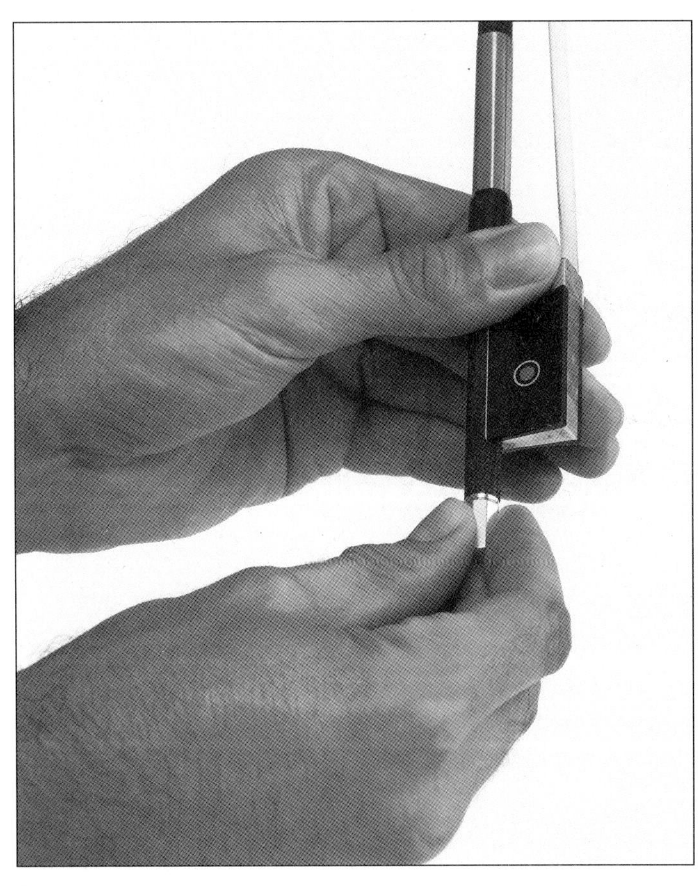

활

연주를 마친 뒤에는 활털을 느슨하게 풀어주어 활대의 모양과
유연성이 유지될 수 있도록 해주세요.
활털을 손으로 만지지 마세요. 활이 현에 밀착되지 않고 미끄러질
수 있습니다.

악기 닦기

광택제나 화학제품, 물 등을 사용하지 말고 천으로만 닦는 것이
좋습니다.

브릿지와 사운드포스트

브릿지와 사운드포스트 (soundpost)는 고정되어 있는 것이
아니라 현의 장력으로 서있는 것입니다. 네 줄을 한 번에
풀어버리면 브릿지와 사운드포스트가 넘어질 수 있습니다.

자세

바이올린을 서서 연주하면 앉았을 때보다 균형을 잘 잡을 수 있고
몸을 더 자유롭게 움직일 수 있습니다.

바이올린을 왼쪽 쇄골 위에 올립니다 (어깨받침을 사용하세요).

편안하게 서서 정면을 바라봅니다.

왼쪽 턱이 턱받침에 닿도록 고개를 내립니다.
어깨를 너무 많이 올리지 않고도
바이올린을 들 수 있어야 합니다.

손가락을 둥글게 말고 엄지손가락에 힘을 풉니다.
악기의 넥을 왼손 엄지 위에 자연스럽게 올려 무게가
왼쪽 어깨와 엄지에 분산되도록 합니다.
손에 힘이 너무 많이 들어가지 않도록 하세요.

활 잡는 법

오른손 가운데 손가락을 둥글게 말아 그림과 같이 엄지손가락 끝에
올립니다.

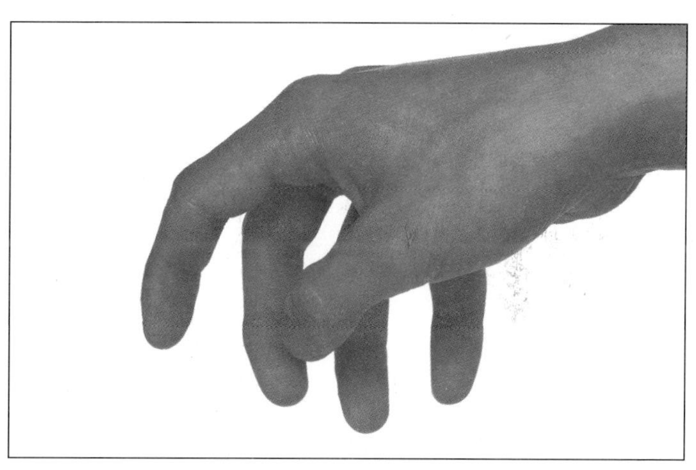

가운데 손가락과 엄지 사이에 활을 두고 나머지 손가락으로 활대를
감쌉니다. 새끼손가락은 그림과 같이 활대 위에 살짝 올립니다.

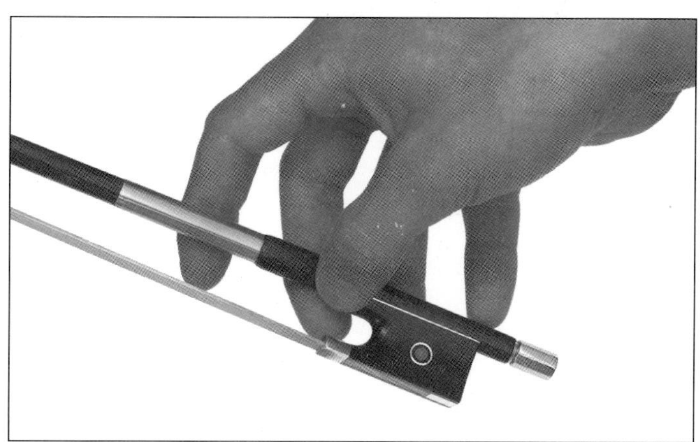

goals:

1. 개방현
2. 2분음표와 4분음표

Part 1: 바이올린 스페셜 – 바이올린만을 위한 부분입니다.

개방현

개방현은 아무 손가락도 짚지 않은 상태의 현을 말합니다.
개방현을 연주할 때 나는 음을 개방음이라고 합니다.

피치카토 (Pizzicato)

현을 퉁기는 주법인 피치카토는 활을 사용하지 않고 연주하는
테크닉입니다.

오른손 엄지를 지판에 댄 채로 1번 손가락을 사용하여 손끝으로
현을 퉁겨보세요 (손톱으로 퉁기지 말 것).

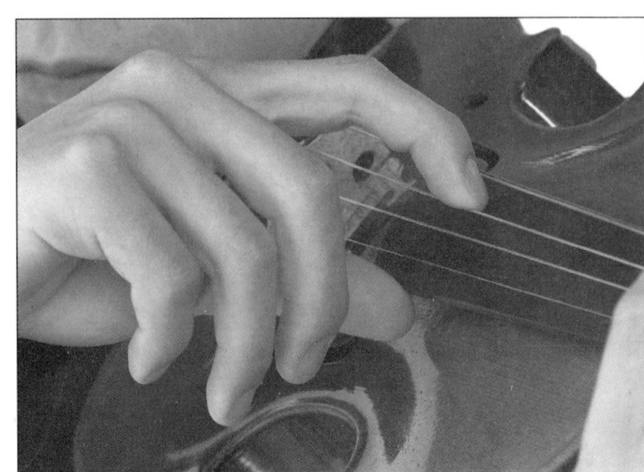

2분음표(♩)는 2박입니다.

4분음표(♩)는 1박입니다.

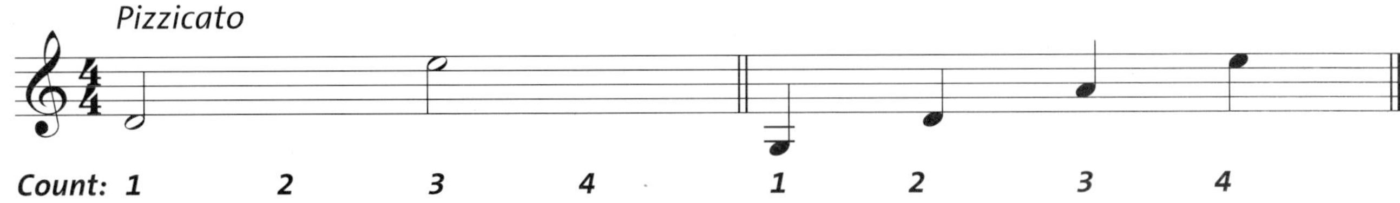

연주 전에 천천히 여러 번 '1, 2, 3, 4'로 예비박을 세고, 연주하는 동안 계속 세며 일정한 속도를 유지하세요.

연습 1.

예쁘고 고르게 피치카토를 할 수 있을 때까지 여러 번 연주하세요.

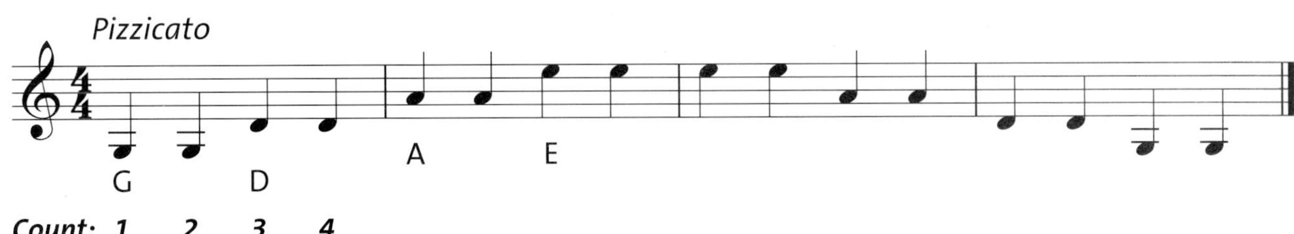

초견연습

음이름을 부르며 연주해 보세요.

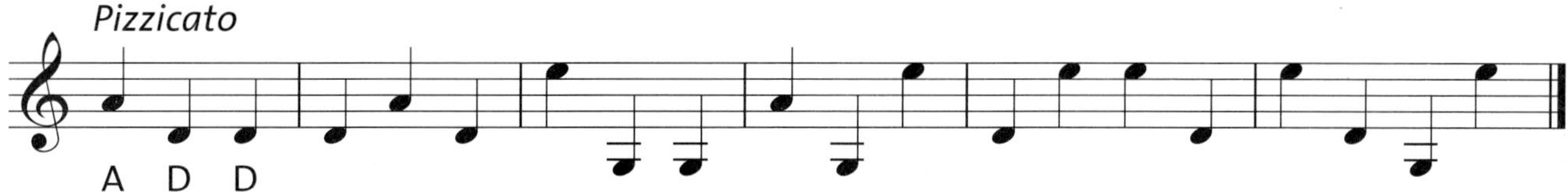

✱ **Part 2: 첼로와 함께 해도 좋습니다.**

Tambour on the D string (D현의 북소리)

1. 선생님과 함께 아랫단의 선율을 노래해 보세요.
2. 큰 소리로 박자를 세며 리듬에 맞춰 손뼉을 치세요.
3. 이제 선생님과 함께 연주해 보세요.

이 곡과 다음 곡은
같은 곡이지만
첫 곡은 D장조,
다음 곡은 A장조로
되어 있습니다.
그래서 첫 곡은 D음으로,
둘째 곡은 A음으로
끝납니다.

* Arco (아르코)는 활을 사용하여 연주하라는 뜻입니다.

Tambour on the A string (A현의 북소리)

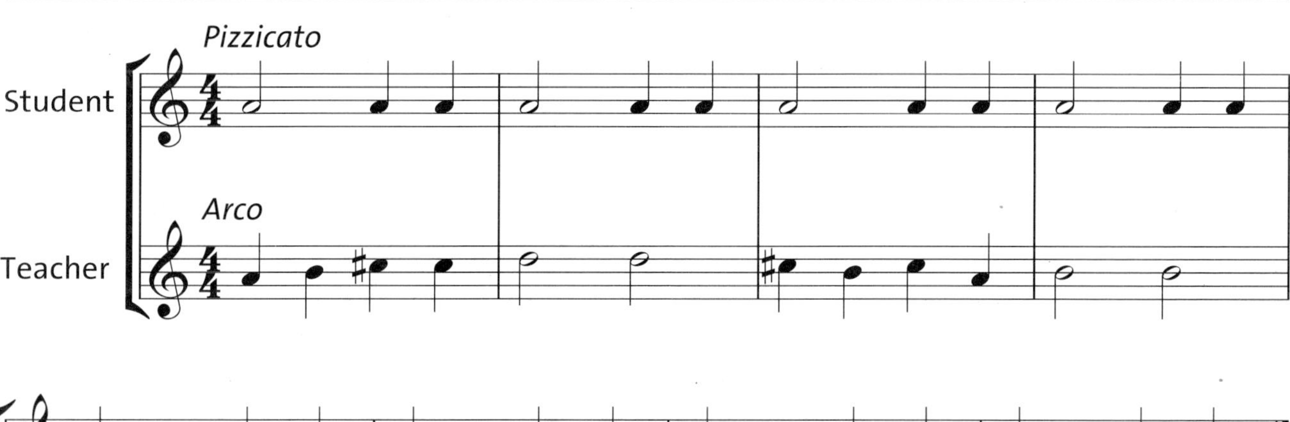

레슨 1을 위한 연주곡

Tambour verse 2 on the D and A strings (D현과 A현의 북소리)

1. 선생님과 함께 아랫단의 선율을 노래해 보세요.
2. 큰 소리로 박자를 세며 리듬에 맞춰 손뼉을 치세요.
3. 선생님과 함께 연주해 보세요.

Hoe Down (호다운 춤곡)

1. 선생님과 함께 아랫단의 선율을 노래해 보세요.
2. 큰 소리로 박자를 세며 리듬에 맞춰 손뼉을 치세요.
3. 선생님과 함께 연주해 보세요.

온쉼표 ▬ 는 마디 전체를 쉰다는 뜻입니다.

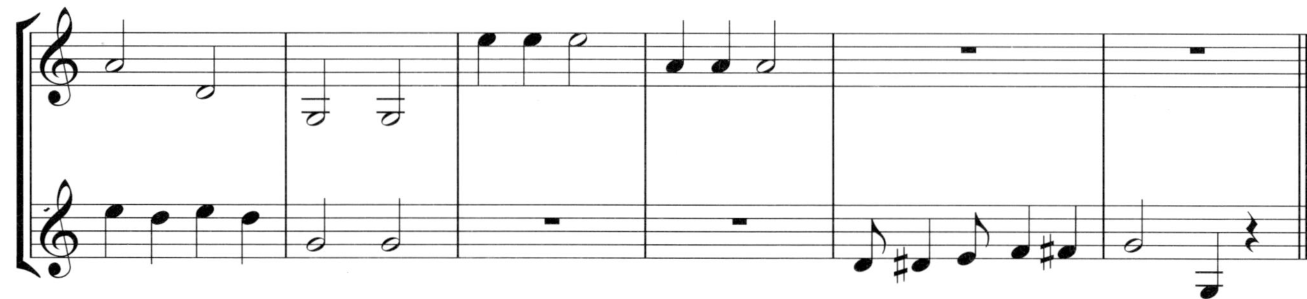

# goals:

1. 내림활과 올림활
2. 빠른 활쓰기
3. 4분음표와 2분음표의 활쓰기

Part 1: 바이올린 스페셜

활쓰기

⊓ **내림활** 활을 오른쪽으로 당기라는 뜻입니다.

V **올림활** 활을 왼쪽으로 밀라는 뜻입니다.

⊓ 와 V 기호는 번갈아 나옵니다. 아무런 표시가 없더라도
계속해서 내림활과 올림활을 번갈아 사용하세요.

아래 연습곡들에는 활쓰기 기호인 ⊓ 와 V 가 있습니다.
2분음표와 4분음표의 길이에 맞게 활이 남거나 모자라지 않도록 유의하며 연주하세요.

연습 1.

활의 방향을 빠르게 바꾸는 연습을 하세요. Arco (아르코)는 활을 사용하여 연주하라는 뜻입니다.

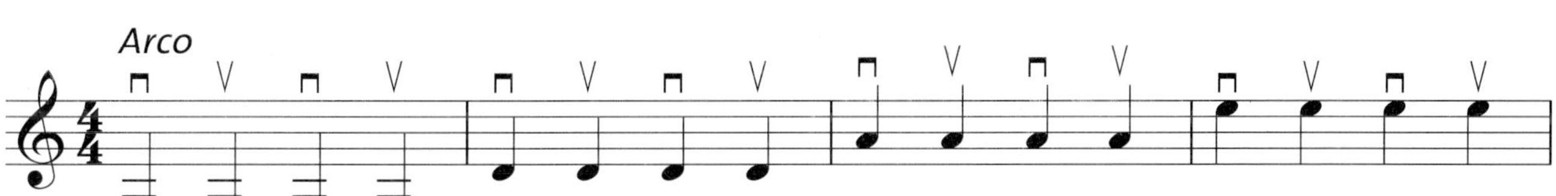

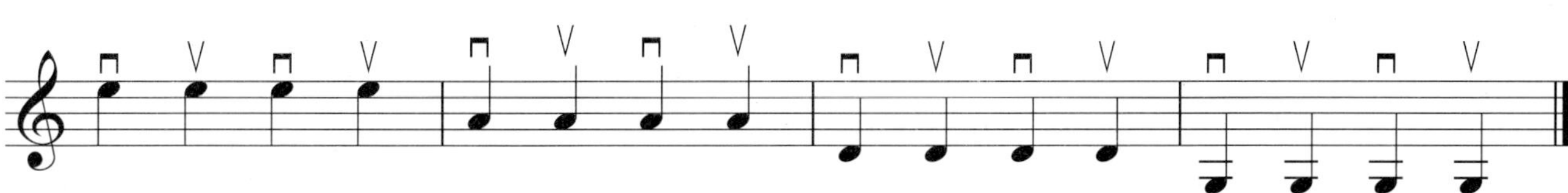

연습 2.

이번에는 리듬에 맞춰 긴 활과 짧은 활을 연습하세요.

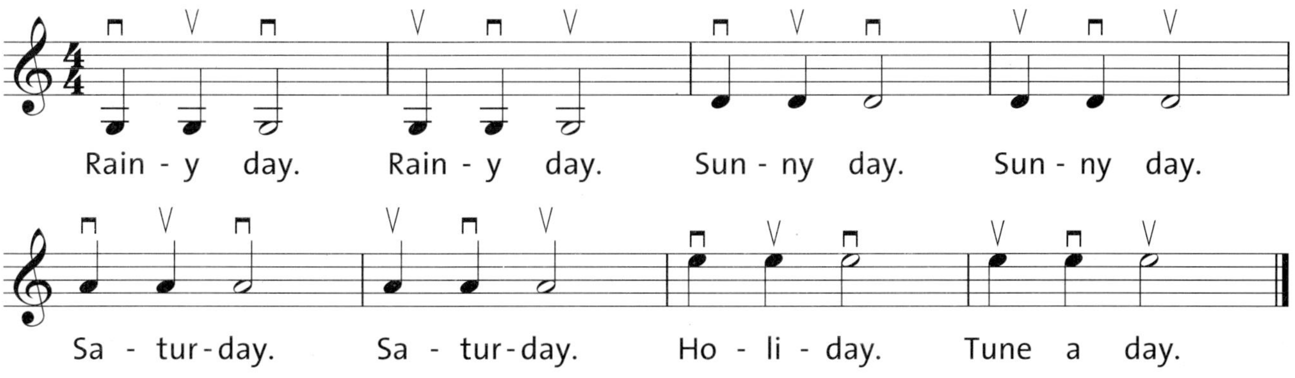

레슨 2를 위한 연주곡

✳ **Part 2: 첼로와 함께 해도 좋습니다.**

Tambour (북소리)

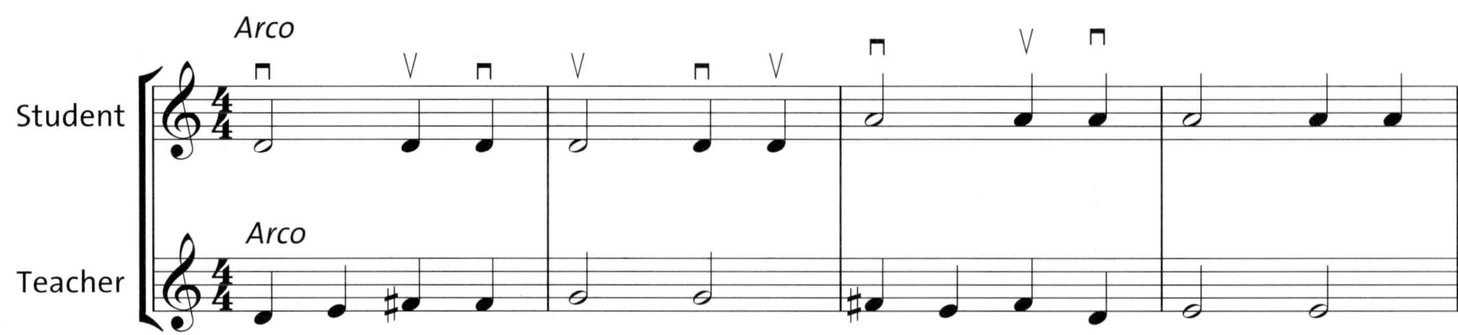

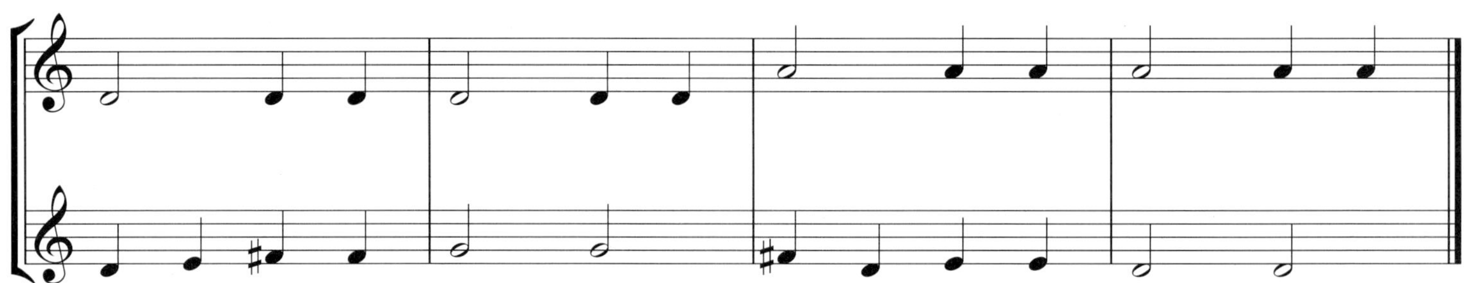

14-15

Frère Jacques (안녕)

1. 선율을 노래해보세요.
2. 노래하면서 바이올린으로 리듬 라인을 연주할 수 있나요?

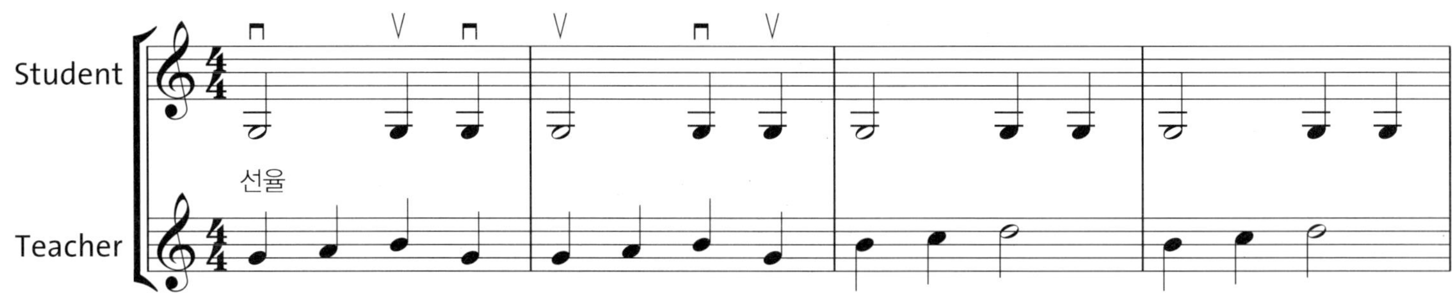

Au Clair de la Lune (달빛 아래에서)

활쓰기 표시가 없어도 내림활과 올림활을 번갈아 쓰세요.

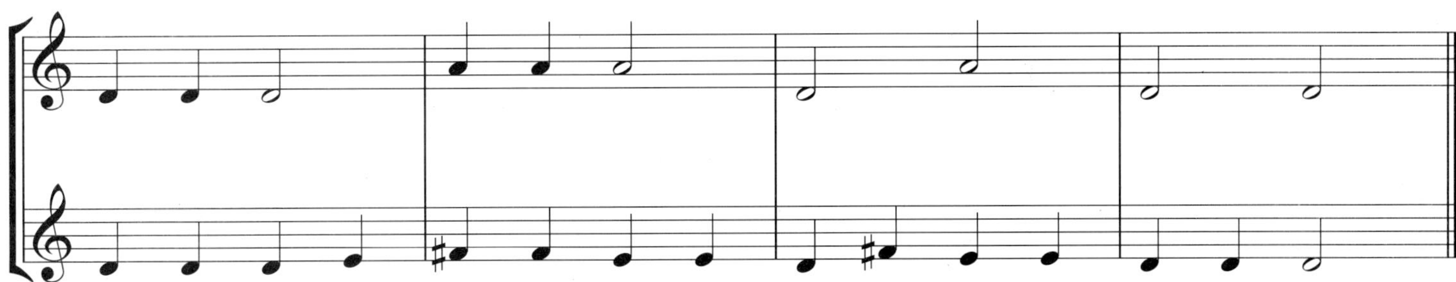

Hoe Down (호다운 춤곡)

바이올린 스페셜

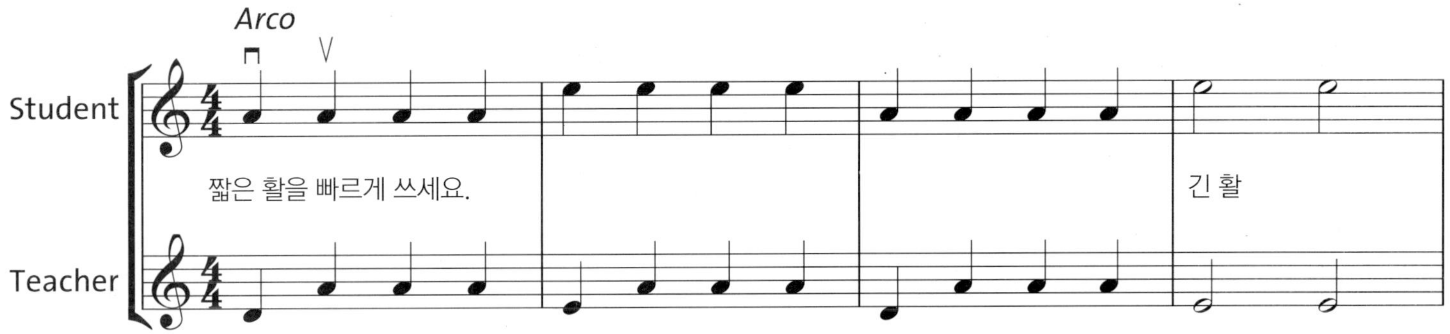

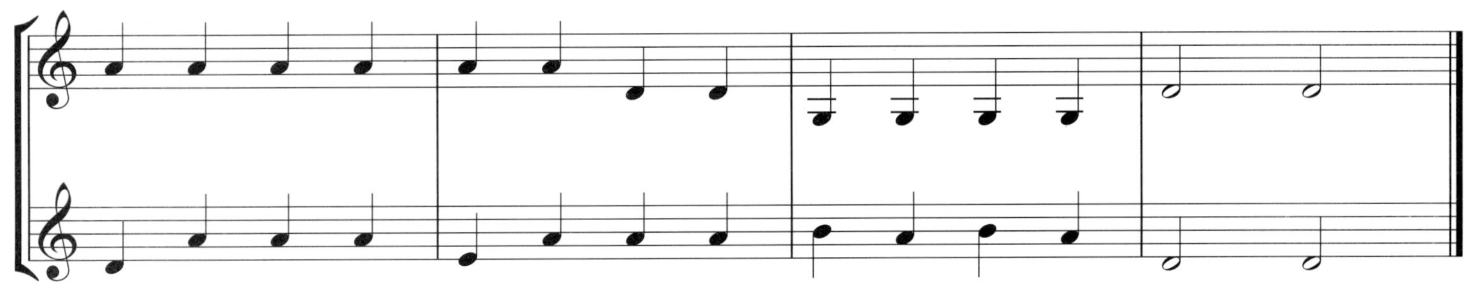

goals:

1. 손가락 패턴 1
2. 피치카토와 아르코
3. D현의 E, F♯, G음, A현의 B음
4. 샵

왼손의 손가락은 그림과 같이 1~4의 번호로 부릅니다. 음표 바로 위에 있는 작은 숫자는 어느 손가락을 사용해야 하는지 알려주는 것입니다.

D현에서의 1번 손가락

0은 손가락을 짚지 말고 개방현으로 연주하라는 뜻입니다. 숫자 1은 1번 손가락을 사용하라는 뜻입니다. 먼저 노래로 불러본 뒤에 피치카토로 연주해보세요.

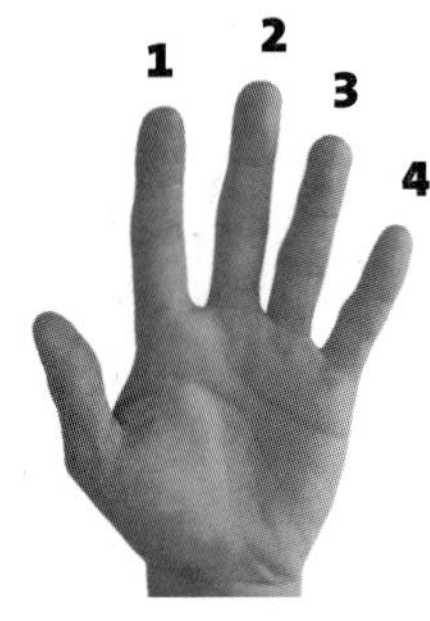

A현에서의 1번 손가락

Hoe Down (호다운 춤곡)

처음에는 피치카토로, 그 다음에는 아르코로 연주해보세요.

D현에서의 1, 2, 3번 손가락

《손가락 패턴표》를 참고하세요.

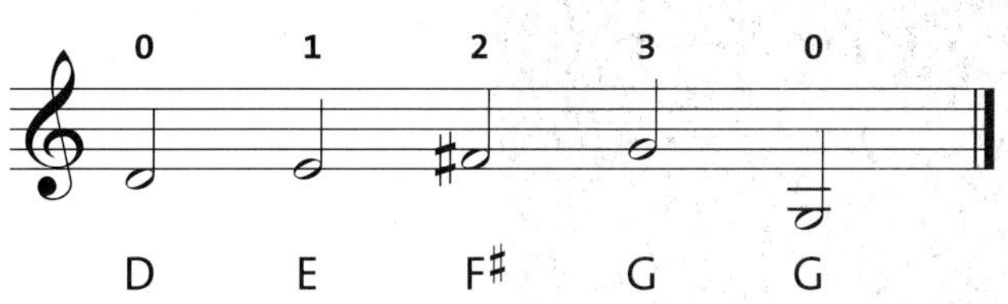
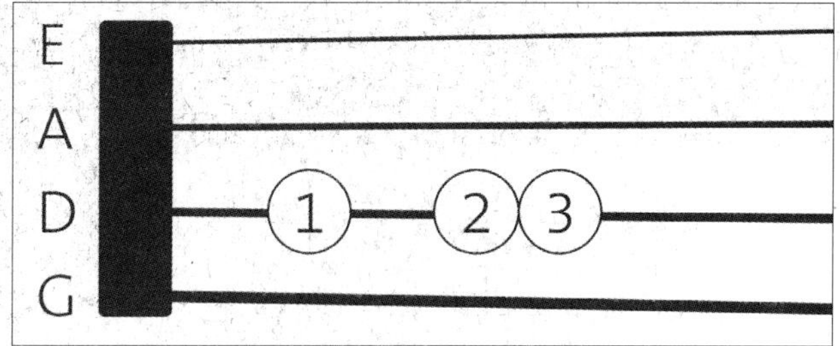

Tip

다음 손가락을 짚을 때에도 앞서 짚은 손가락들은 계속 누르고 있습니다.
3번 손가락으로 G음을 짚었을 때 G현 개방음과 소리가 똑같은지 들어보세요.

초견 연습

음이름을 부르며 연주해 보세요.

Tambour (북소리)

처음에는 피치카토로, 그 다음에는 아르코로 연주하세요.

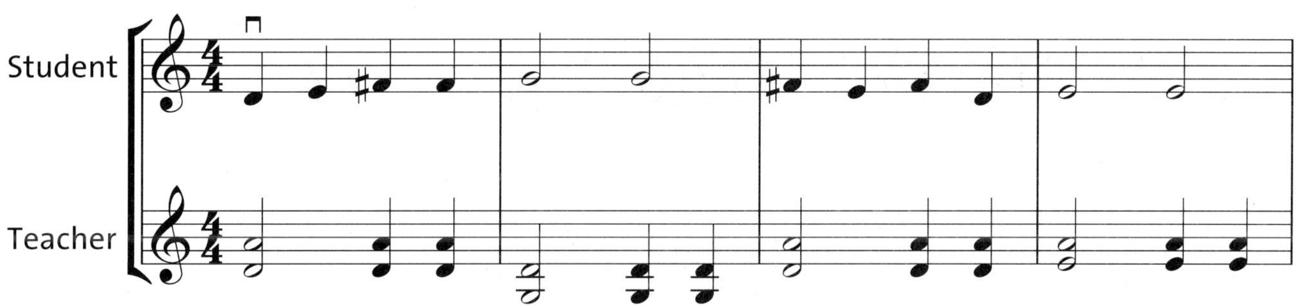

Merrily We Roll Along (비행기)

처음에는 피치카토로, 그 다음에는 아르코로 연주하세요.

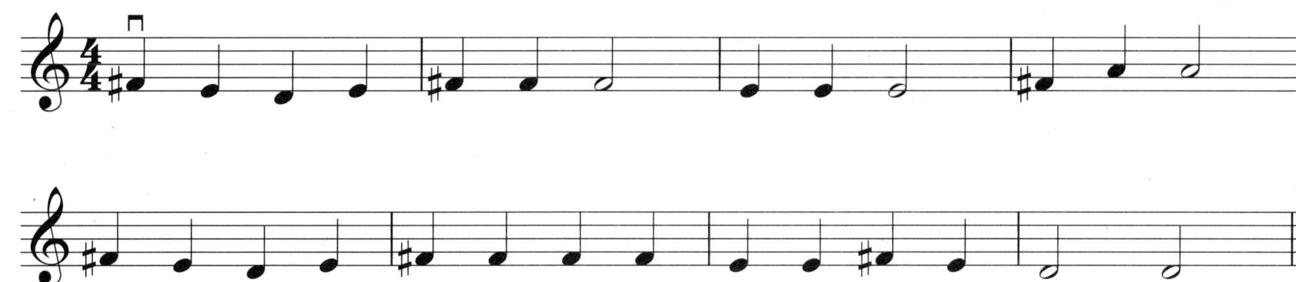

goals:

1. A현의 음들과 D장조 음계
2. 2분쉼표와 4분쉼표
3. 원위치 (Re-take)

4. 온음표
5. 박자표

Tip

A현에서의 기본 손가락
위치는 D현과 같습니다.

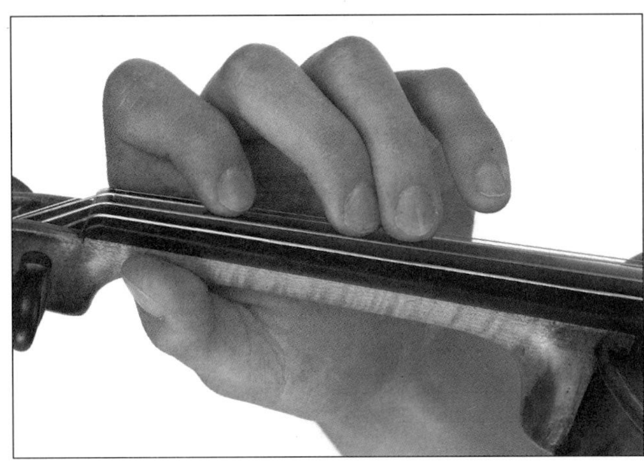

A현의 음들

왼쪽 사진을 보세요. 멀리 떨어진 1번과 2번 손가락은
온음 간격이고 가까이 붙어 있는 2번과 3번 손가락은
반음 간격입니다. 온음은 반음의 두 배 거리입니다.

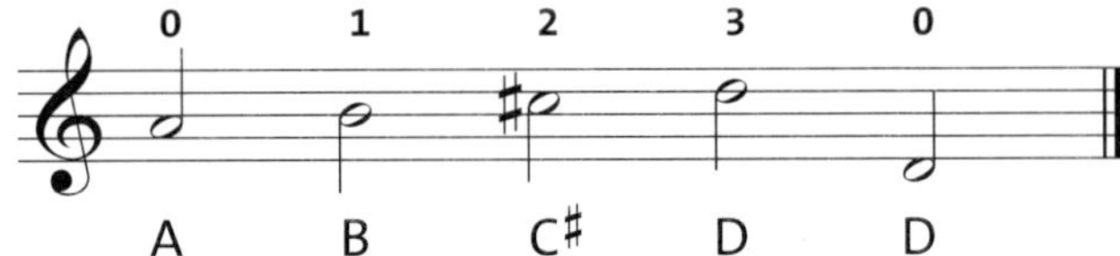

온음과 반음 : 피아노에서 나란히 있는 두 건반 사이가
반음입니다. 따라서 C음과 C#음, E음과 F음은 반음
간격입니다. 반음 두 개가 모이면 온음이 됩니다.
C음과 D음, E음과 F#음이 온음입니다.

장음계 (Major scale)

장음계의 구성음들은 일정한 간격에 따라 나열되어 있습니다.
대부분의 음 사이는 온음이지만, 3음과 4음, 7음과 8음 사이는 반음입니다.

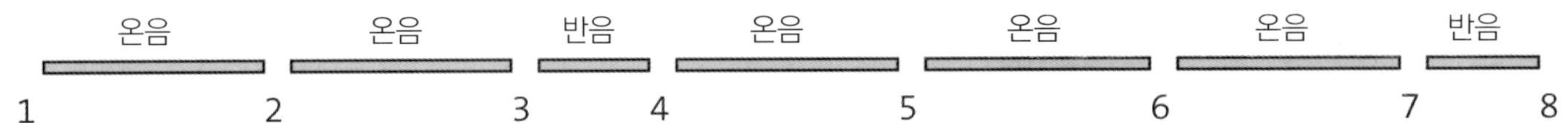

D장조 음계

A현의 D음이 D현 개방음과 같은 소리를 내나요?

2분쉼표와 4분쉼표

쉼표는 소리를 내지 않는다는 의미입니다.

2분쉼표

4분쉼표

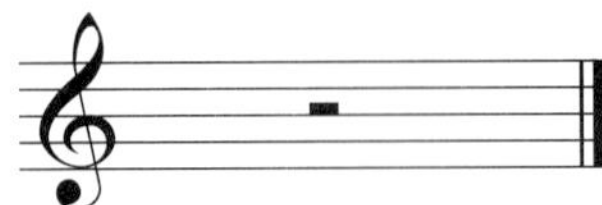

연습 1. 손의 모양

왼손 모양을 연습하는 곡입니다.

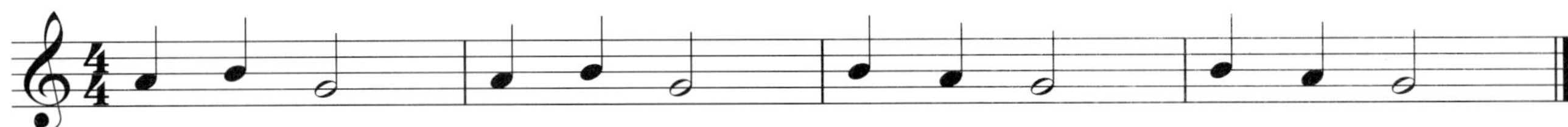

레슨 4를 위한 연주곡

Au Clair de la Lune (달빛 아래에서)

원위치(Re-take)는 다시 한 번 같은 방향으로 활을 쓰기 위해 활을 재빨리 원위치로 옮겨 준비하라는 뜻입니다.

마지막 마디의 음표는 온음표입니다 (4분음표 네 개와 같은 길이).

Whose Cuckoo? (뻐꾸기)

이 곡은 돌림노래입니다. 끝까지 연주한 뒤 처음으로 돌아가세요. 두 번째 연주자는 두 마디 뒤에 시작합니다.

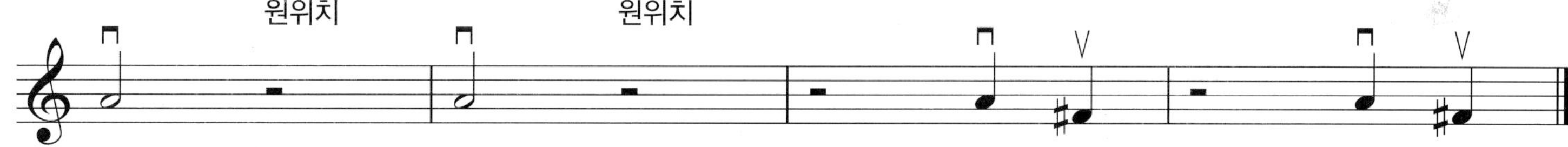

London Bridge Is Falling Down (런던 다리)

4 – 5쪽의 《음악의 첫걸음》으로 돌아가서 박자표에 대한 설명을 읽어보세요.
이 곡은 한 마디에 4박이 들어가는 박자표를 사용합니다. 처음에는 피치카토로, 그 다음에는 아르코로 연주하세요.

French Folk Song (프랑스 민요)

한 마디에 3박이 들어가는 곡입니다. 박자표에서 위에 있는 숫자는 한 마디에 몇 박이 들어가는지 알려줍니다.

goals:

1. 8분음표
2. 조표
3. 도돌이표

8분음표

이번 레슨에서는 4분음표의 절반 길이인 8분음표를 익힙니다.

8분음표는 꼬리가 달린 음표입니다.

낱개로 그릴 수도 있고, 꼬리를 연결해 그릴 수도 있습니다.

Tip

리듬 패턴을 확실하게 익히면 초견이 훨씬 쉬워집니다.

Pease Pudding Hot (완두콩 푸딩)

큰 소리로 박자를 세며 리듬에 맞춰 손뼉을 치세요. 연주하는 동안 계속 박자를 세며 일정한 속도를 유지하세요.

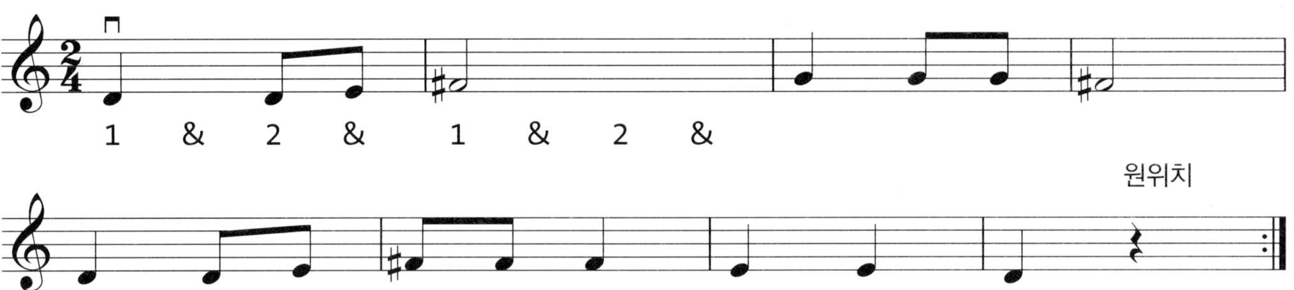

곡 끝에 점이 두 개 있는 세로줄은 도돌이표입니다.

도돌이표가 있는 곳까지 연주를 한 뒤 처음으로 돌아가서 한 번 더 연주하세요.

26-27

Lavender's Blue (푸른 라벤더)

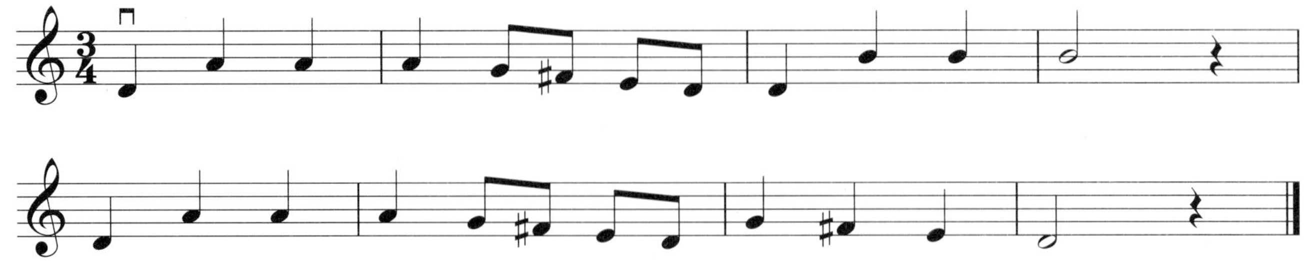

조표

음자리표 옆의 샵 (♯) 기호를 조표라고 부릅니다.

조표의 ♯이 F음에 있으면, 이 음악의 모든 F음은 F♯으로 연주해야 한다는 뜻입니다.

이번에는 F음과 C음에 ♯이 있습니다. 모든 F음은 F♯음으로, 모든 C음은 C♯음으로 연주합니다. 이것이 D장조입니다.

Frère Jacques (안녕)

이 곡에는 D장조 조표가 붙어 있습니다.

돌림노래로 연주해보세요. 두 번째 연주자는 두 마디 뒤에 시작합니다.

Go From My Window (그대여 떠나가오)

Kookaburra (쿠카부라 새)

이 곡은 돌림노래입니다. 두 번째 연주자는 두 마디 뒤에 시작합니다.

Lesson 5

응용곡

Ave Maria (아베 마리아)

이 곡은 세 명이 연주하는 돌림노래입니다. 두 번째 연주자는 두 마디 뒤에, 세 번째 연주자는 네 마디 뒤에 시작하세요.

30-31 *Old Oxford* (올드 옥스퍼드)

Donkeys And Carrots (당나귀와 당근)

이 곡은 네 명이 연주하는 돌림노래입니다. 각자 앞 연주자보다 두 마디씩 늦게 시작하세요.

* Hee – Haw : 당나귀 소리

32-33 *Autumn* (가을) 《사계》에서

Vivaldi

test: *Lesson 1 ~ 5*

1. 낱말 찾기

빈칸에 알맞은 영어 음이름을 적어 영어 단어를 완성해보세요.

(4)

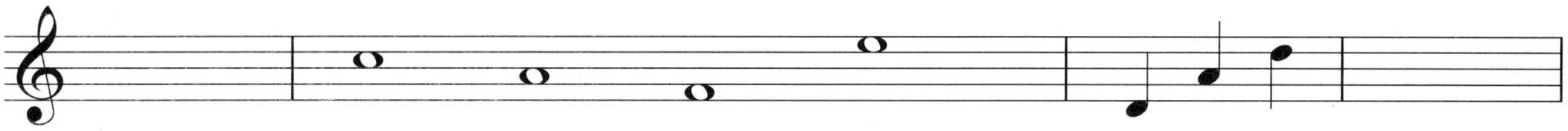

우리는 ________________________ 에 갔다. __________ 는

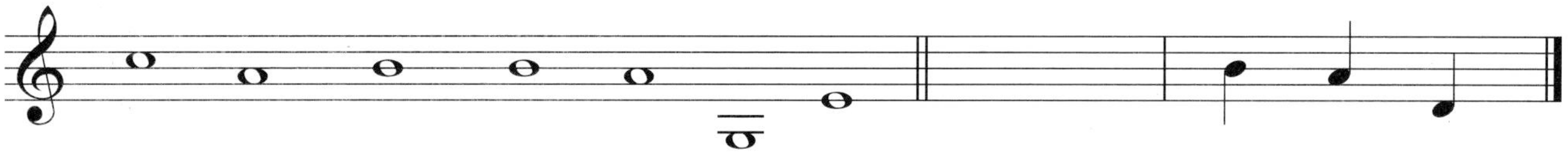

________________________ 를 주문했다. 그 맛은 한 마디로 ______________ !

2. 쉼표

알맞은 쉼표를 그리세요.

한 마디 전체   2박   1박   3박

(4)

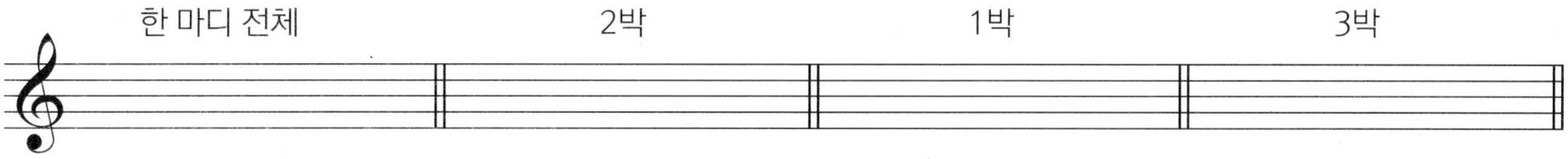

3. 음표와 음이름

아래 음들을 2분음표로 그리세요.

G   B   E   C#   A   D   F#

(7)

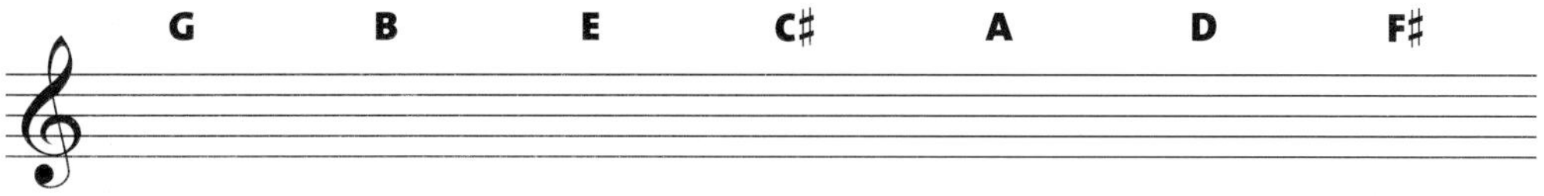

4. ♯ 조표

♯이 붙은 음표는 몇 개인가요? ________________ (조표를 참고하세요.)

(5)

5. 운지법

음표 위에 알맞은 손가락 번호를 쓰세요.

(5)

Total (25)

1. G현의 음들
2. 셈여림표
3. 도돌이표: 첫 번째 마침과 두 번째 마침
4. 점2분음표
5. 온쉼표
6. 레가토 (Legato)

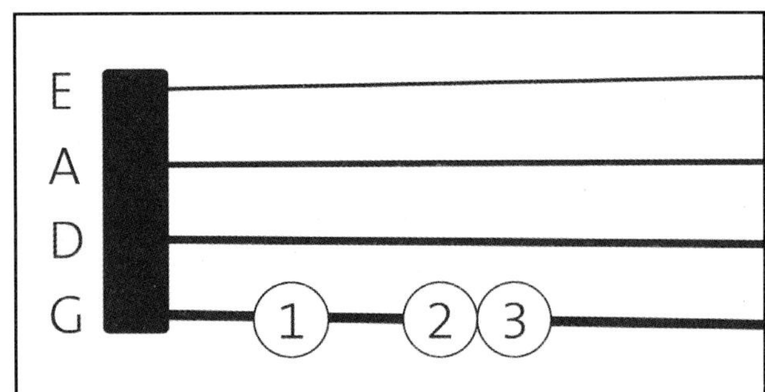

G현의 음들

손가락 위치는 D현, A현과 동일합니다.

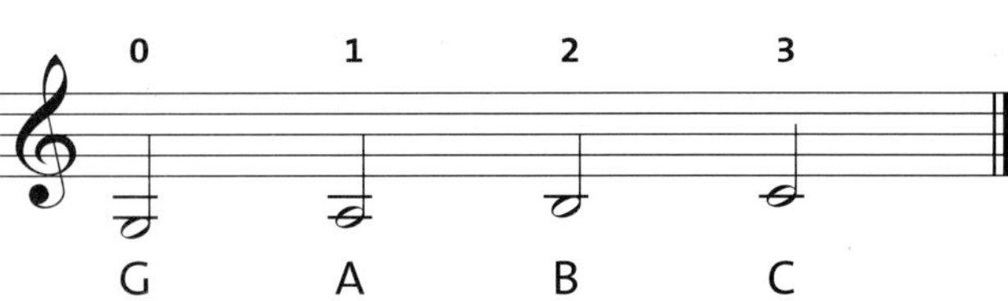

셈여림표

음악에서는 얼마나 세게 또는 여리게 연주해야하는지를 이탈리아어로 표기합니다.
이런 단어나 약어를 셈여림표라고 합니다.

f = 포르테 (Forte), 세게 p = 피아노 (Piano), 여리게

Twinkle Twinkle Little Star (작은 별)

G장조 음계

조표를 잘 보고 F음에 ♯을 붙여 연주하세요.

Tip

G장조 음계를 연주하며 노래해보세요. 레슨 4의 D장조 선율과 똑같은 선율처럼 들릴 것입니다. 온음과 반음의 배열이 같기 때문입니다.

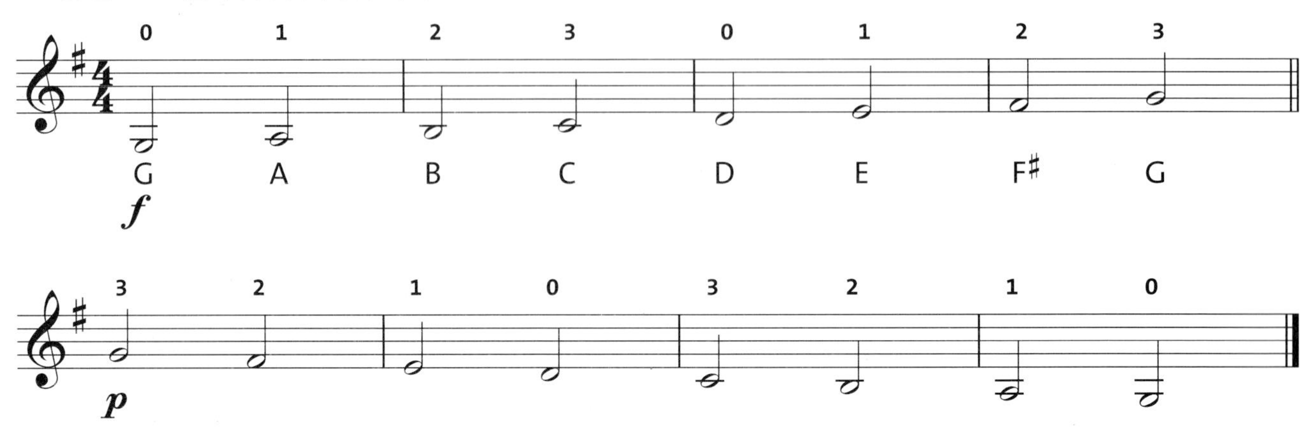

레슨 6을 위한 연주곡

첫 번째 마침과 두 번째 마침

《캉캉》을 연주할 때 1, 2라고 적힌 것은 첫 번째 마침과 두 번째 마침이라고 부릅니다. 처음부터 첫 번째 마침까지 연주한 다음, 도돌이표에 따라 반복합니다. 반복할 때는 첫 번째 마침(1번)은 생략하고 바로 두 번째 마침(2번)으로 가서 곡을 마칩니다.

활끝에서 올림활로 시작하세요. 두 번째로 연주할 때는 내림활이 될 것입니다.

Can Can (캉캉)

Offenbach

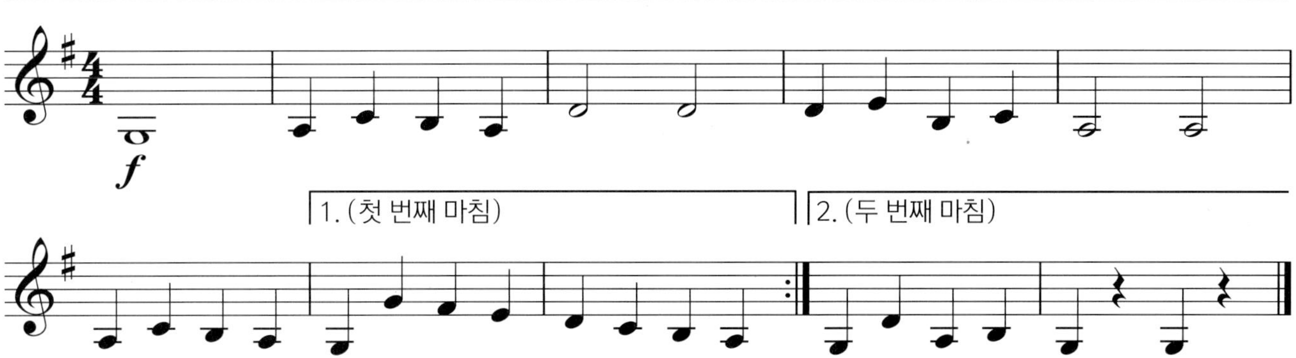

Ode To Joy (환희의 송가) 《9번 교향곡》에서

Beethoven

legato (레가토)는 부드럽게 연주하라는 뜻입니다.

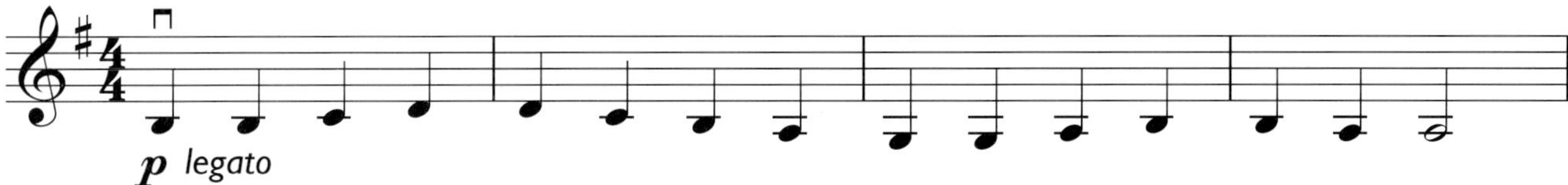

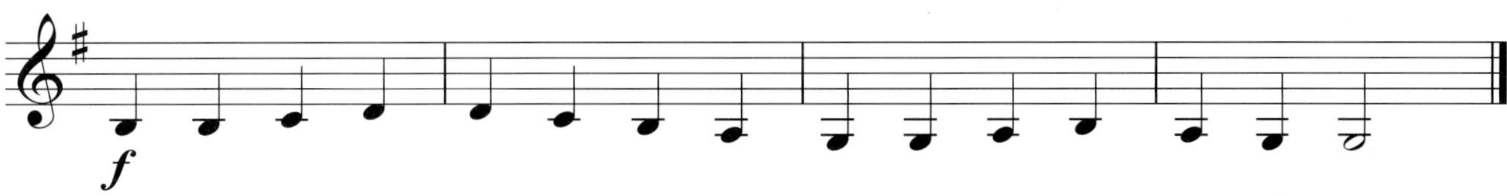

점2분음표

음표 옆의 점은 음표의 절반 길이만큼 더 길게 연주하라는 의미입니다.   ♩. = ♩ + ♪

Largo (라르고) 《신세계 교향곡》에서

Dvořák

각 단의 마지막에 있는 쉼표 ▬ 는 마디 전체를 쉬라는 의미의 온쉼표 입니다.

goals:

1. E현의 음들
2. 붙임줄
3. 못갖춘마디

Part 1: 바이올린 스페셜

Tip

손가락 패턴 1을
E현에서 연주하세요.
F♯음에서 온음 올리면
G♯음이 됩니다.

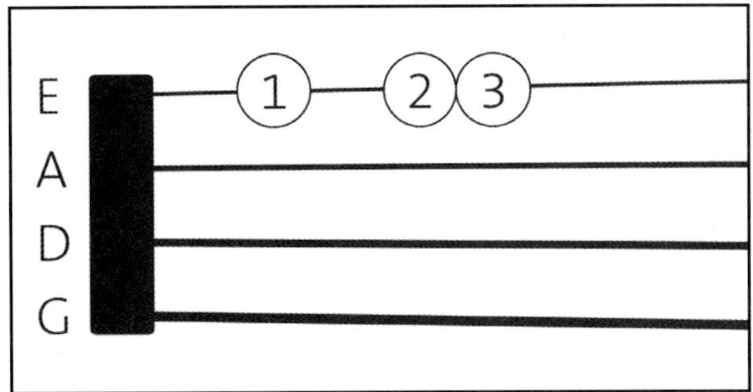

E현의 음들

익숙한 손가락 패턴이죠?
이번에는 E현에서 연주해보세요.

붙임줄

음높이의 두 음표를 곡선으로 연결한 것이 붙임줄입니다. 붙임줄로 연결하면 두 음을 합한 만큼 길어집니다.

Skye Boat Song (스카이의 뱃노래)

스코틀랜드 민요

아래 악보에는 아랫단에 붙임줄이 있습니다. 개방현에서 연주되는 이 긴 음들은 마치 백파이프 소리처럼 들립니다.

A장조 음계

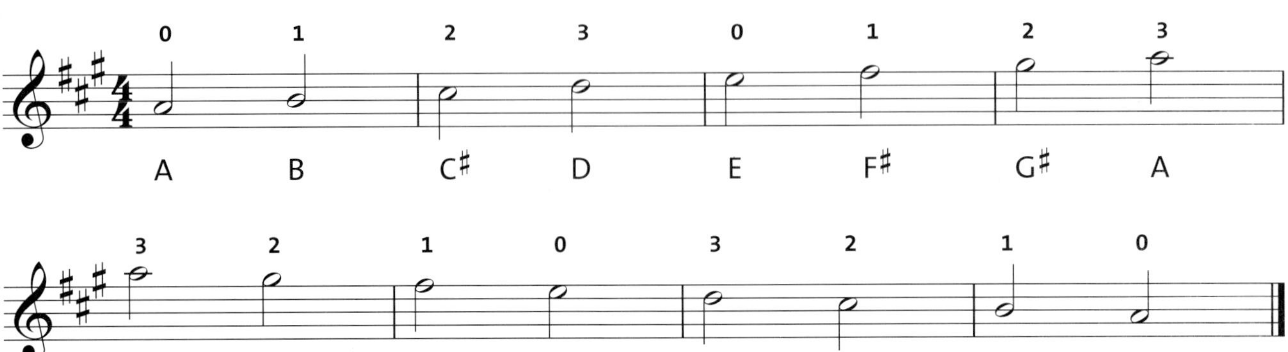

레슨 7을 위한 연주곡

Country Garden (시골 정원)

38-39

못갖춘마디

아래의 세 곡은 모두 1박 길이의 짧은 마디(못갖춘마디)로 시작됩니다. 곡의 시작 부분에 이렇게 짧은 마디가 나오면, 곡의 끝에도 불완전한 마디가 있습니다. 이 두 마디를 합하면 완전한 한 마디가 됩니다.

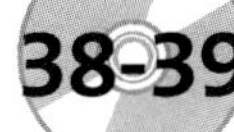

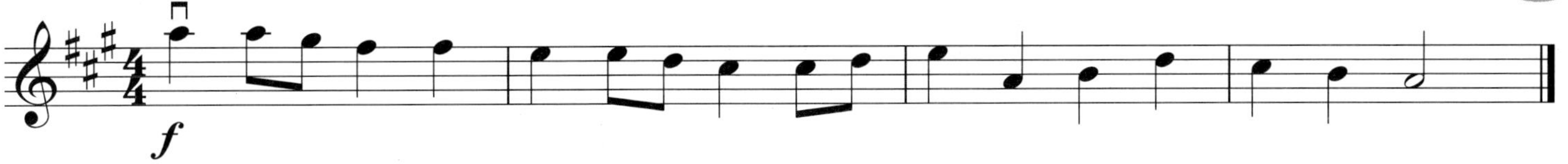

The Happy Farmer (즐거운 농부)

Schumann

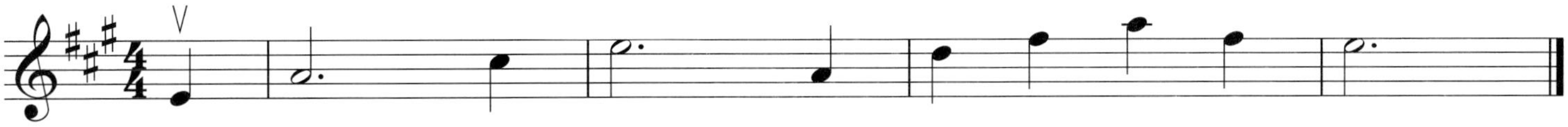

Amazing Grace (어메이징 그레이스)

40-41

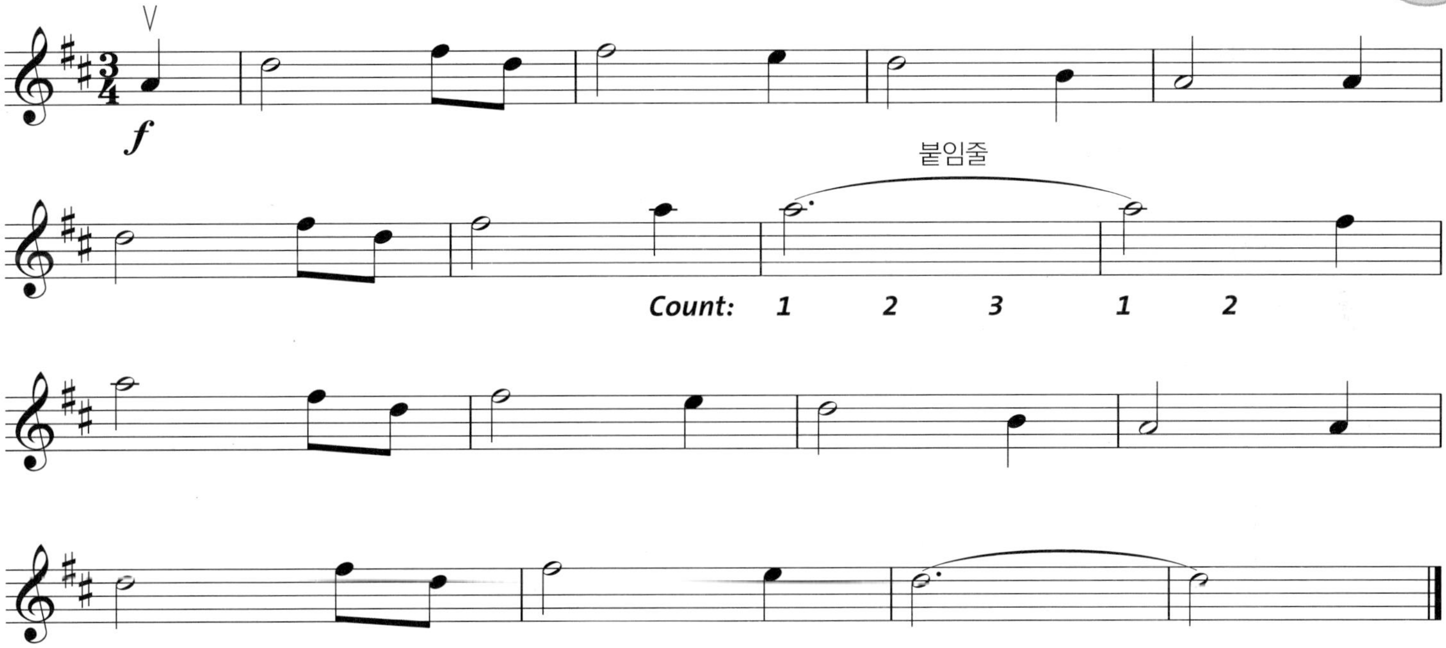

Botany Bay (보터니 만)

호주 민요

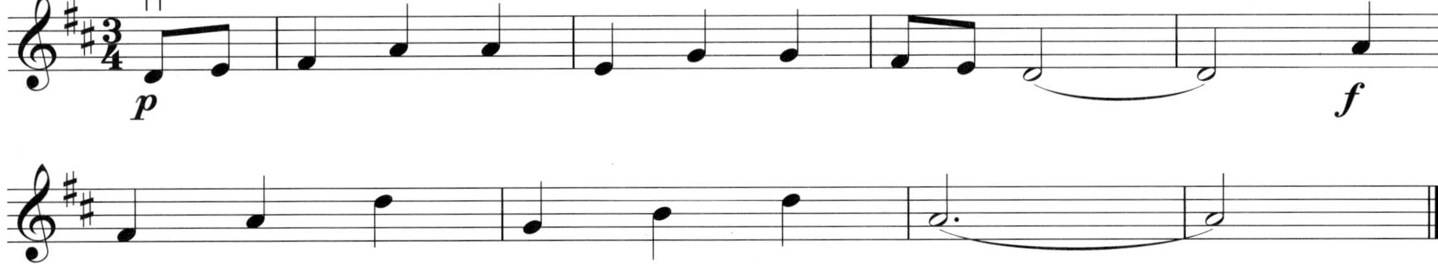

goals:

1. 손가락 패턴 2
2. C장조 음계
3. G장조 음계: 한 옥타브 위에서
4. 셈여림표: *mp* 와 *mf*

Tip 
C장조 음계에는 조표가 없습니다. 지금까지 연주했던 F♯음과 C♯음을 반음 내려 F음과 C음을 제자리로 연주합니다. C음과 F음의 손가락 위치는 지금까지의 손가락 패턴과는 다릅니다.

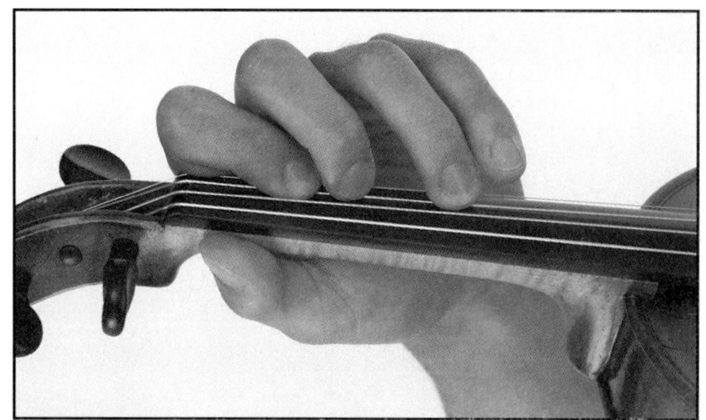

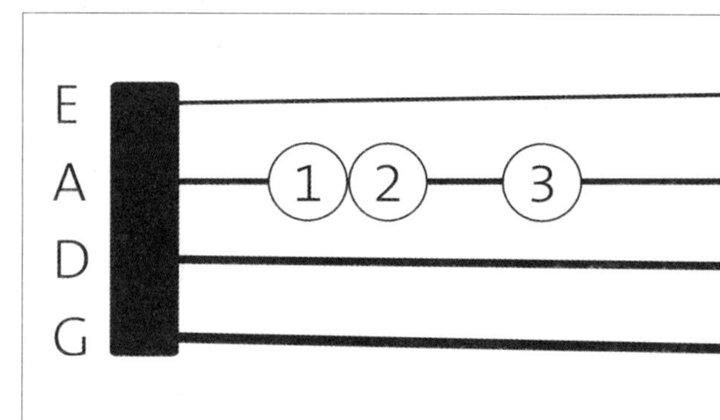

C장조 음계

셈여림표

mp = 메조 피아노 (mezzo piano), 조금 여리게
(mezzo는 '절반'이라는 뜻)

mf = 메조 포르테 (mezzo forte), 조금 세게

42-43

Botany Bay (보터니 만)

레슨 7에서 연주했었죠? 그때는 D장조 음계를 사용했기 때문에 지금보다 음이 높았습니다.
이번에는 한 음 낮은 C장조로 연주해보세요.

G장조 음계: 한 옥타브 위에서

음높이는 다른데 이름은 같은 음들이 있습니다. 아래의 음계는 G현 개방음보다 한 옥타브 (8음) 높은 G음에서 시작해서
E현의 G음까지 올라갑니다.

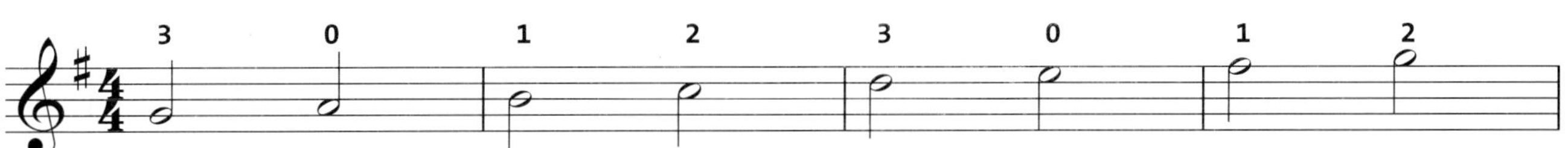

Tip

이제 E현에서도
손가락 패턴 2를
사용합니다.

2번 손가락의 위치

《손가락 패턴표》를 펴보세요.
G장조 음계를 연주할 때 2번 손가락이 3번 손가락과 가깝나요? 1번과 가깝나요?
2번 손가락이 3번 손가락과 가까울 때는 '높은' 2번, 1번 손가락과 가까울 때는 '낮은' 2번이라고 합니다.

레슨 8을 위한 연주곡

Andante (안단테) 《놀람 교향곡》에서   Haydn

Grandfather's Clock (할아버지의 낡은 시계)

Lesson 9

goals:

1. 커먼타임 (**C**)
2. 슬러 주법
3. 크레셴도와 디미누엔도
4. 셈여림표: *ff*

커먼타임 (Common time)

$\frac{4}{4}$ 박자는 커먼타임이라고도 부릅니다. 커먼타임은 **C** 로 표시합니다.

46·47

Jingle Bells (징글벨)

셈여림표

ff = 포르티시모 (fortissimo), 매우 세게

Hark! The Herald Angels Sing (천사 찬송하기를)

Tip

메조 포르테로 시작해서
포르티시모까지 커지는
곡입니다. 처음부터 너무
세게 연주하면 마지막에
포르티시모를 연주하기
힘들 수 있습니다.

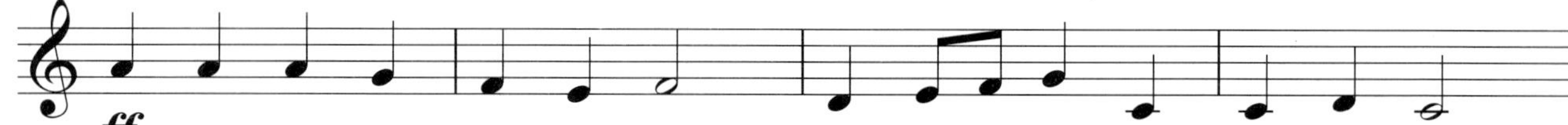

슬러 주법

슬러 주법은 한 활에 두 개 이상의 음을 연주하는 것입니다.
슬러 기호 (⌒)는 음높이가 서로 다른 두 개 이상의 음을 연결합니다.

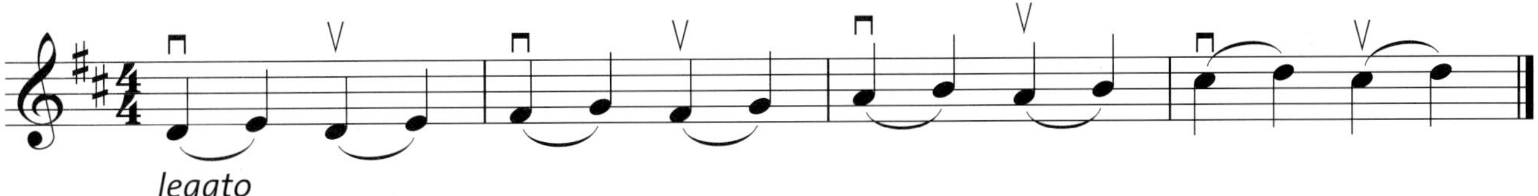

두 현에서 슬러 연주하기

Unto Us A Child Is Born (우리를 위해 아기 나셨네)

We Three Kings (동방박사 세 사람)

이번에는 세 음을 한 활에 슬러로 연주하는 연습을 해 보세요.

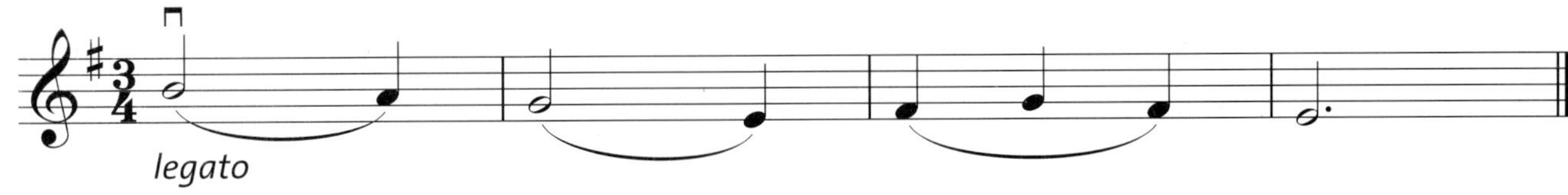

음악은 점점 세게 또는 점점 여리게 연주할 수 있습니다.
Crescendo (크레셴도) – 점점 세게   Diminuendo (디미누엔도) – 점점 여리게

Good King Wenceslas (기쁜 성탄의 날)

p 부터 ***ff*** 까지 점점 세게 연주하세요.

goals:

1. 점4분음표
2. 셈여림표: *pp*
3. 크레센도와 디미누엔도
4. 부분 반복

점4분음표

4분음표 옆의 점은 4분음표의 절반인 8분음표만큼의 길이를 더해줍니다.

연습 1.

리듬에 맞춰 손뼉을 치며 큰 소리로 박자를 세어보세요.
그런 다음 연주를 하며 박자를 셉니다. **b**와 **c**가 같아야 합니다.

Tip

같은 리듬이라도 이렇게 다양한 방식으로 악보를 그릴 수 있습니다. 음을 하나하나 따로 읽기보다는 패턴을 보는 연습을 하세요. 연주가 훨씬 음악적으로 들리고 초견 실력도 좋아질 것입니다.

Silent Night (고요한 밤)

Gruber

점4분음표의 점이 둘째 박이라는 것을 기억하세요.

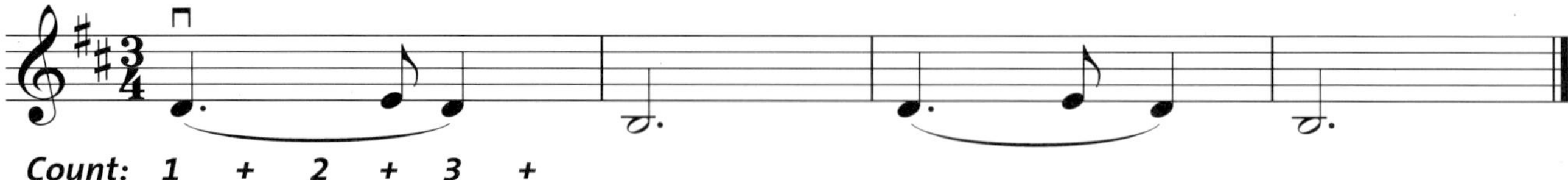

크레센도와 디미누엔도 기호

크레센도와 디미누엔도는 악보 아래에 머리핀 모양의 기호로도 표시됩니다.

While Shepherds Watched Their Flocks (목동이 양을 치는 동안)

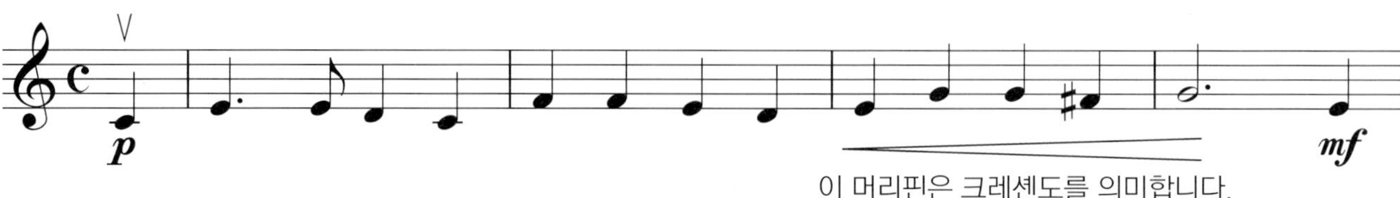

이 머리핀은 크레센도를 의미합니다.

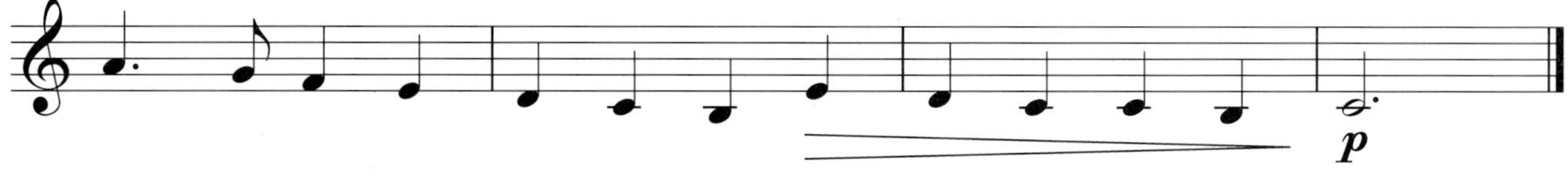

이 머리핀은 디미누엔도를 의미합니다.

Deck The Halls (아름답게 장식하세)

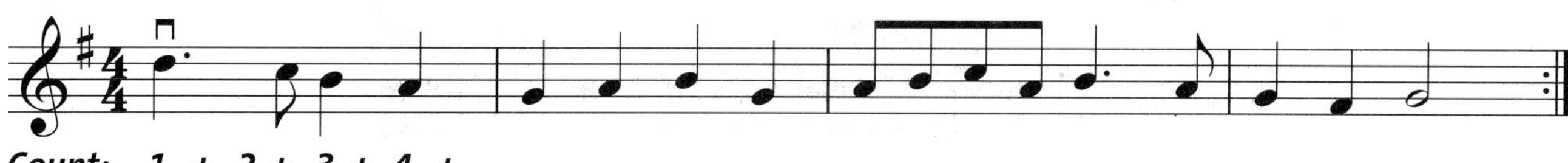

The First Noël (노엘)

Tip

이 곡에서는 음악을 반복할 때 곡의 맨 처음으로 돌아가지 않고 첫 번째 도돌이표가 있는 곳부터 연주합니다.

셈여림표

pp = 피아니시모 (pianissimo), 매우 여리게

Silent Night (고요한 밤)

We Wish You A Merry Christmas (즐거운 성탄절이 되기를)

응용곡

We Three Kings (동방박사 세 사람)

Once In Royal David's City (다윗왕의 도시에서)

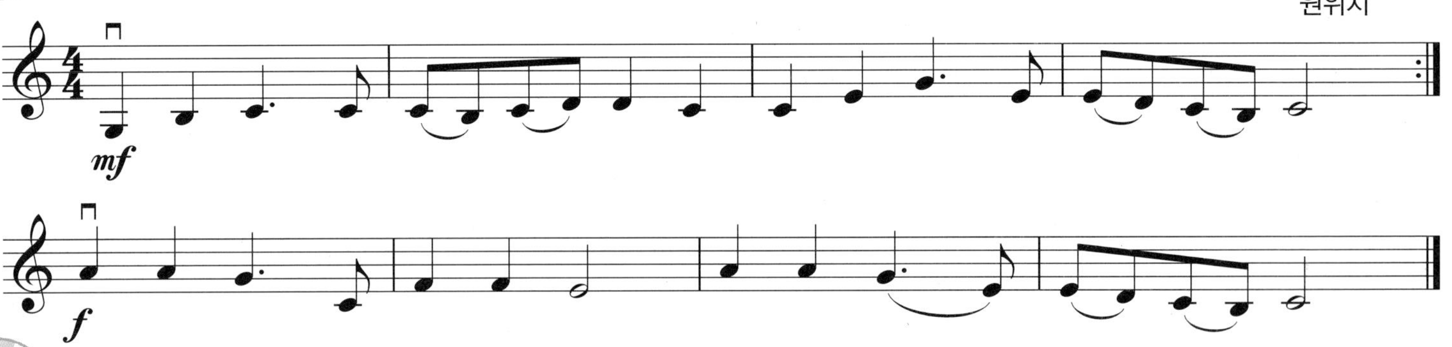

Deck The Halls (아름답게 장식하세)

Skaters' Waltz (스케이트 왈츠)

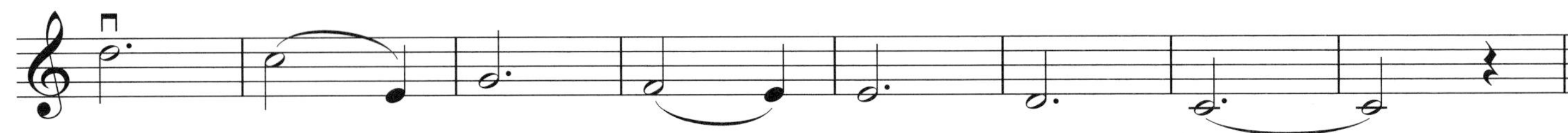

Lesson 6 ~ 10

1. 음의 길이

알맞은 음표를 그리세요.

(8)

8분음표 한 개   두 박과 같은 8분음표 묶음   점4분음표   3박 길이의 음표 한 개

2. 음계

A장조 조표와 음계를 그리세요.

(4)

3. 음표와 음이름

다음 음을 4분음표로 그리세요.

(4)

F   A   B   C#   F#   D   G   E

4. 셈여림표

다음 뜻에 알맞은 이탈리아어를 쓰세요.

(4)

조금 세게 ___________________

조금 여리게 ___________________

5. 음악용어

다음 이탈리아어는 무슨 뜻인가요?   다음 기호는 무슨 뜻인가요?

(5)

legato (레가토)   *pp*

arco (아르코)   *mf*

crescendo (크레센도)   **C**

pizzicato (피치카토)   (decrescendo sign)

diminuendo (디미누엔도)   :‖

Total (25)

goals:

1. 스피카토
2. 빠르기말

스피카토 (Spiccato)

활을 살짝 들어서 짧게 연주하는 기법으로,
음을 끊어서 (스타카토) 연주할 때 사용합니다.

활의 아래쪽 절반 중에서 활을 쓰기가 가장 쉬운 지점을
찾아보세요. 그리고 현을 그을 때 활이 스마일 모양을
그리도록 합니다.

스피카토는 이렇게 표시합니다. 

Oats And Beans (귀리와 콩)

활에서 스피카토를 연주하기에 가장 좋은 지점을 찾으세요.

가장 좋은 지점을 찾았나요?

곡의 * 템포를 가리키는 빠르기말 역시 이탈리아어를 사용합니다.

Andante (안단테) – 걷는 속도로　　　Moderato (모데라토) – 보통 빠르기로
Allegretto (알레그레토) – 조금 빠르게　　Allegro (알레그로) – 빠르게

* 템포 : 곡의 빠르기

Andante (안단테) 《놀람 교향곡》에서

Haydn

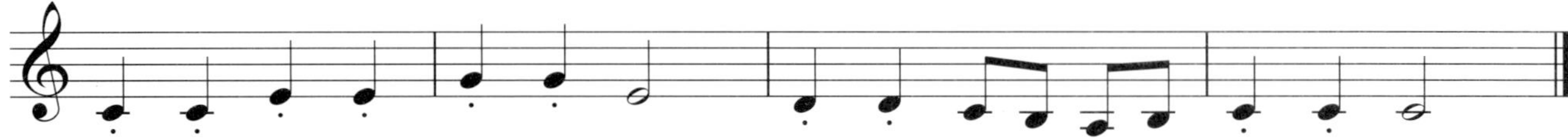

잊지 않고 활을 들었나요?

레슨 11을 위한 연주곡

Moderato (모데라토) 《농부 칸타타》에서   Bach

> 손가락과 손목이 유연하면 그 탄력을 이용하여 스피카토를 할 수 있습니다.

London's Burning (불타는 런던)

이 곡은 돌림노래입니다. 두 번째 연주자는 두 마디 (여섯 박) 뒤에 시작합니다.

Reuben And Rachel (루벤과 레이첼)

이 곡은 돌림노래입니다. 두 번째 연주자는 한 마디 뒤에 시작합니다.

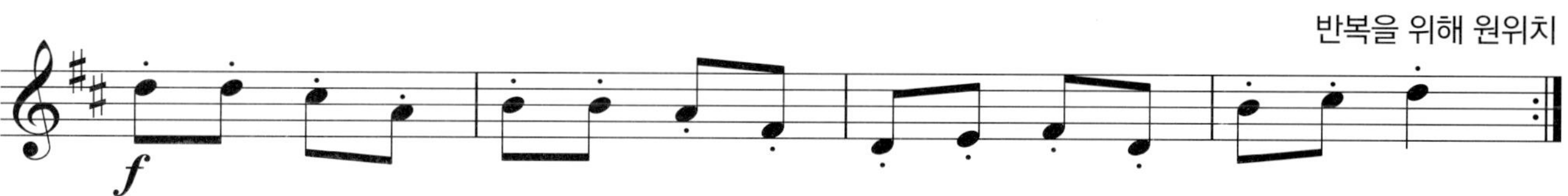

Yankee Doodle (양키 두들)

1. 후크 보잉
2. 8분쉼표
3. 늘임표 (페르마타)
4. rit. (리테누토)

후크 *보잉 (Hooked bowing)

두 개 이상의 스타카토 음을 한 활에 연주하는 것입니다.
갈고리 (hook)로 낚아채듯 끊어서 연주합니다.
연습 1의 악보처럼 음표 머리에 선을 긋고 이음줄로 연결하여 표시합니다.

*보잉: 활쓰기

연습 1.

각 음마다 활을 멈추세요.

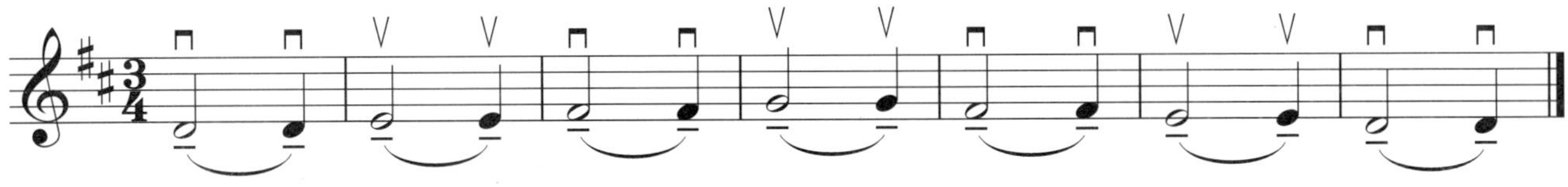

𝄐 기호는 늘임표 (페르마타)입니다. 이 기호가 보이면 원래의 음길이보다 더 길게 연주합니다.
늘임표 기호는 곡 제일 끝에 자주 나옵니다.

70-71

Scarborough Fair (스카보로 페어)

72-73

Skye Boat Song (스카이의 뱃노래)

레슨 12 를 위한 연주곡

Allegro (알레그로) 《사계》 중 '봄'에서

Vivaldi   74-75

후크 보잉을 기억하세요.

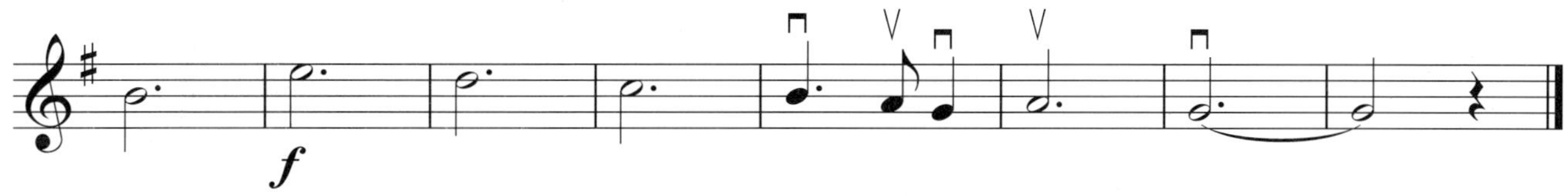

8분쉼표

> *rit.* = ritenuto (리테누토), '느려지다' 라는 뜻입니다.
> 일시적으로 곡의 템포를 늦출 때 사용하는 기호입니다.
> 리테누토는 극적인 효과를 줍니다.

Nessun Dorma (공주는 잠 못 이루고)

Puccini   76-77

활의 어느 지점에서 시작하면 좋을지 생각해보세요. 온음표를 연주할 때 활이 모자라지는 않을까요?

When The Saints Go Marching In (성자의 행진)

78-79

goals:

1. 아르페지오
2. 돌림노래 작곡하기

Tip
본 교재에 수록된 악보를 잘 살펴보면 선율이 아르페지오나 음계의 구성음들로 만들어졌다는 것을 알 수 있을 것입니다. 음계와 아르페지오를 꾸준히 연습하면 새로운 곡을 배울 때 도움이 될 것입니다.

아르페지오

한 음계의 1, 3, 5번째 음을 차례로 연주하는 것을 아르페지오 (Arpeggio)라고 합니다.
아르페지오는 선율에 자주 사용됩니다.
음계와 아르페지오는 꾸준히 연습해야 합니다.

D장조 음계

음계의 구성음은 로마숫자로 표기합니다. 8번째 음 (옥타브)은 다시 첫 음과 같이 I로 표기합니다.

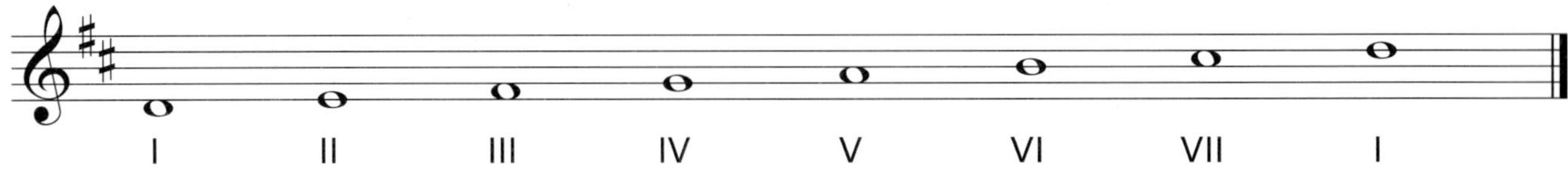

D장조 아르페지오

장조의 아르페지오는 《아침이 밝았네 (Morning Has Broken)》라는 노래의 첫 네 음처럼 들립니다.
이 노래의 원곡인 《Bunessan》에서는 이 아르페지오가 G장조로 제시됩니다.

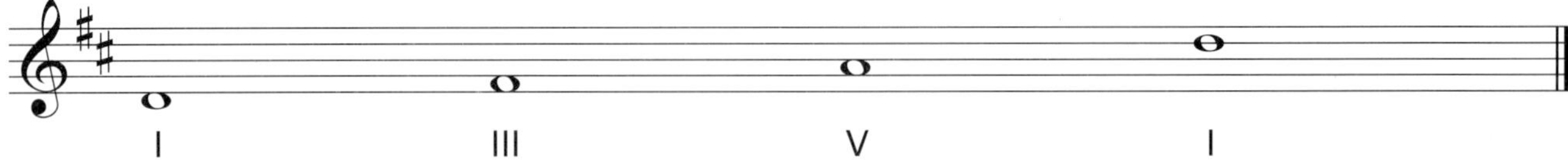

먼저 노래로 불러보고 연주하세요.

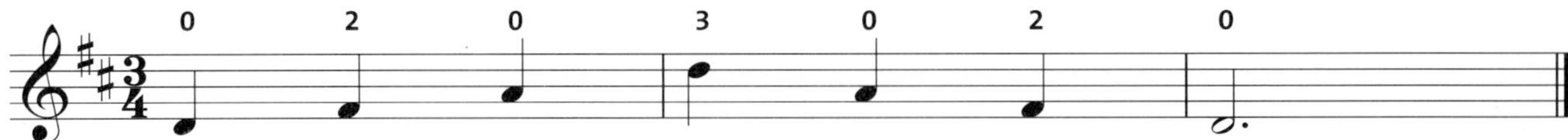

G현이나 A현에서도 같은 손가락 패턴으로 아르페지오를 연주해보세요.

돌림노래

Fanfare (팡파르)

이 곡은 돌림노래입니다. 두 번째 연주자는 반 마디 (두 박) 뒤에 시작합니다.

아르페지오에서 음을 골라 나만의 돌림노래를 만들어 보세요.
한 마디에 2박이나 3박, 4박이 들어가는 리듬 패턴을 만들고 박자표를 쓰세요.

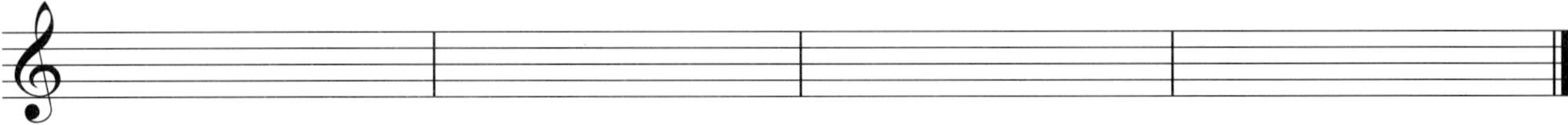

레슨 13을 위한 연주곡

* *Kumbayah* (쿰바야)

둘째 단에서 박자표가 바뀝니다.

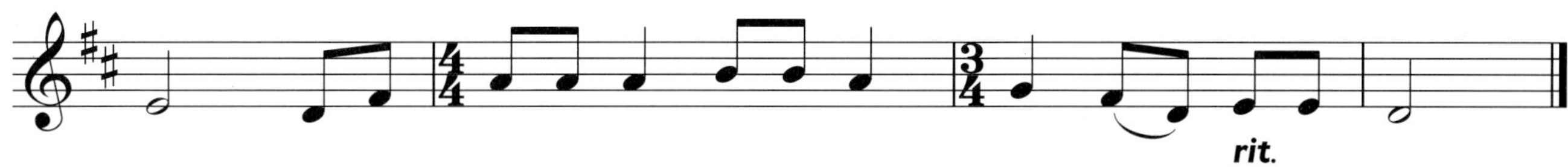

* Kumbayah : 'Come by Here'를 미국 흑인 노예들의 발음대로 쓴 것.

Ecossaise (* 에코세즈)

Beethoven

* 에코세즈 : 스코틀랜드 춤곡

Bunessan (* 버네슨)

* 버네슨 : 이 선율이 유래된 스코틀랜드 마을의 이름

goals:

1. F장조 음계와 아르페지오
2. A현과 E현에서의 낮은 1번 손가락
3. G현에서의 낮은 2번 손가락

 **Tip**

지금까지는 ♯을 배웠고 이제 ♭을 배울 차례입니다. 이 책에서 몇 개의 조표를 배웠나요? 다른 조표가 있는 곡은 어떻게 연주해야 할까요?

음표 왼쪽의 플랫(♭) 기호는 반음 낮게 연주하라는 뜻입니다.

아래 음계는 장조이므로 **온-온-반-온-온-온-반**의 음정 배열을 만들기 위해 B음을 B♭ 음으로 연주합니다.

F장조 음계

F장조 아르페지오

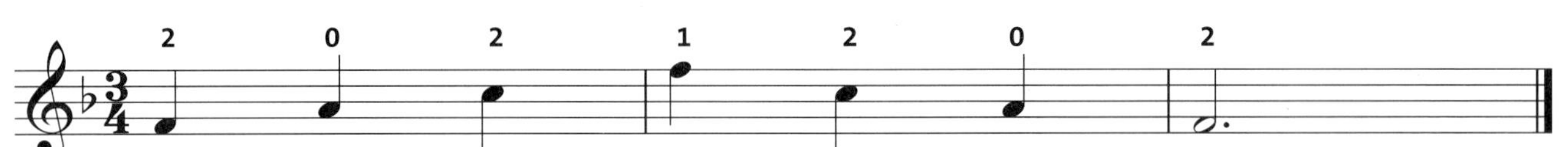

F장조는 G현에서 낮은 2번 손가락을 사용해야 합니다.

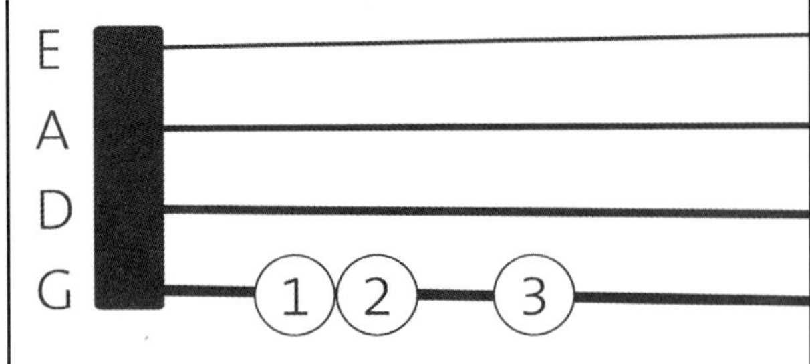

낮은 1번 손가락을 사용할 때에도 손의 모양이 흐트러지지 않도록 주의하세요.

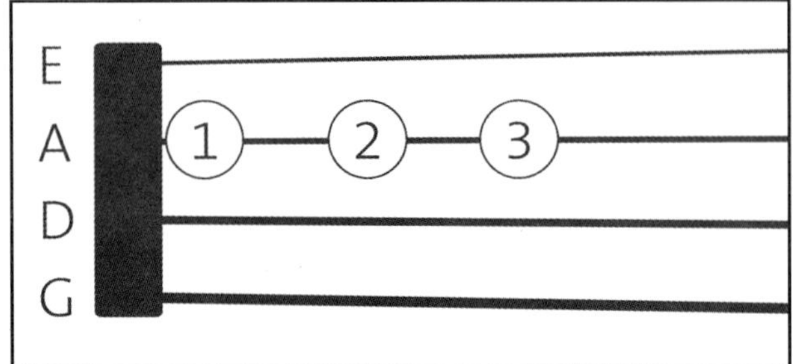

옥타브 소리 비교

옥타브 간격의 두 음을
비교해보세요.
예) 음계의 첫 음과 마지막 음

같은 소리가 나나요?

옥타브 간격의 두 음을 비교하는 것은 조율이 잘 되었는지 확인할 수 있는 좋은 방법입니다.

레슨 14 를 위한 연주곡

Filou (장난꾸러기)

Praetorius

Abide With Me (함께 하소서)

Monk

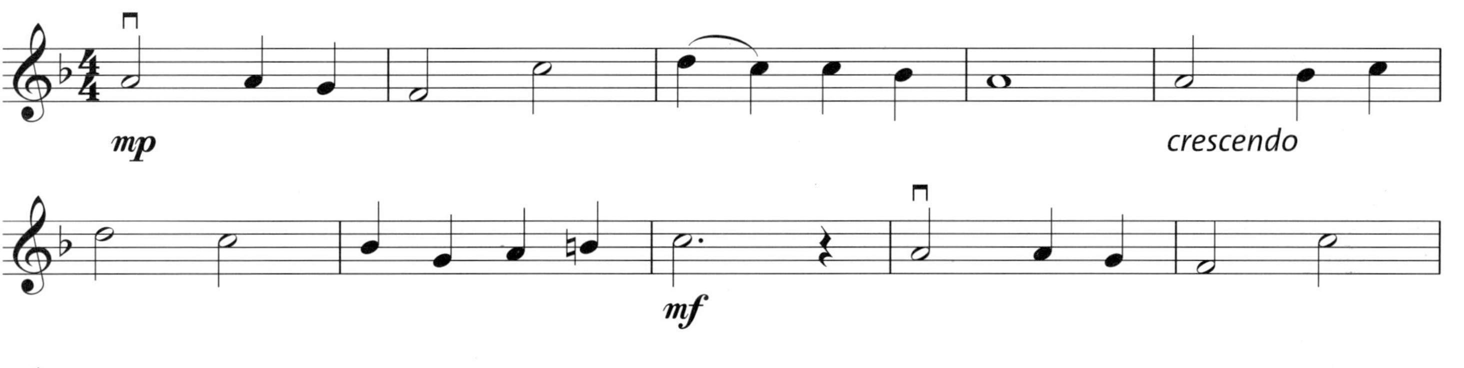

The Happy Farmer (즐거운 농부)

Schumann

Lullaby (자장가)

Brahms

G현에서는 낮은 2번 손가락 (B♭)을 사용하세요.

further techniques:

트레몰로 (Tremolo)

반짝반짝 빛나는 소리를 내기 위해 활을 매우 빠르게 쓰는 주법입니다.
음표 기둥에 줄을 그어 ⚡ 기호로 표시합니다.
활끝에서 활을 짧고 빠르게 쓰며 트레몰로를 연주해보세요.

Gymnopédie No. 1 (짐노페디 1번)

Satie

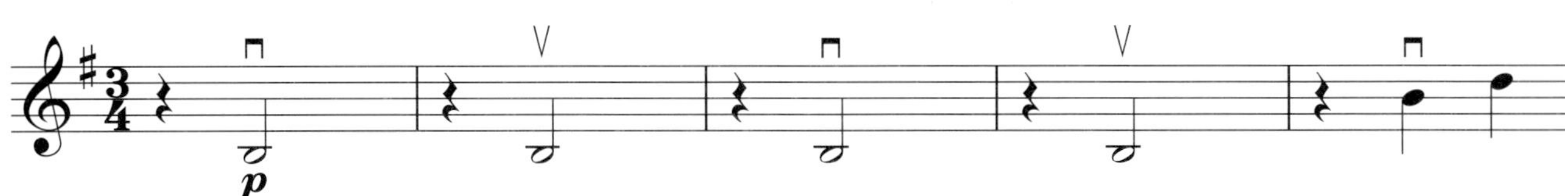

Skye Boat Song (스카이의 뱃노래)

D현과 A현을 동시에 연주하세요.
두 현에서 동시에 연주하는 것을 더블 스톱 (double stop) 이라고 합니다.

하모닉스 (Harmonics)

D현에 4번 손가락을 살짝 대고 손을 위아래로 미끄러뜨려 보세요.
손을 계속 움직이면서 브릿지 가까이에서 활을 쓰면 가벼운 소리가
날 것입니다.
이것은 D음의 *배음 (하모닉스) 중 하나의 소리입니다.

D현의 중간 지점에 4번 손가락을 살짝 올려놓고 브릿지 근처에서
빠르게 활을 그어보면 D현 개방음보다 한 옥타브 높은 D음이 마치
플루트 소리처럼 울립니다. 이것이 옥타브 하모닉스입니다.

악보를 보며 D현에서 옥타브 하모닉스를 연습하고 다른 현에서도
연습해보세요. 음표 위의 작은 동그라미가 하모닉스 기호입니다.

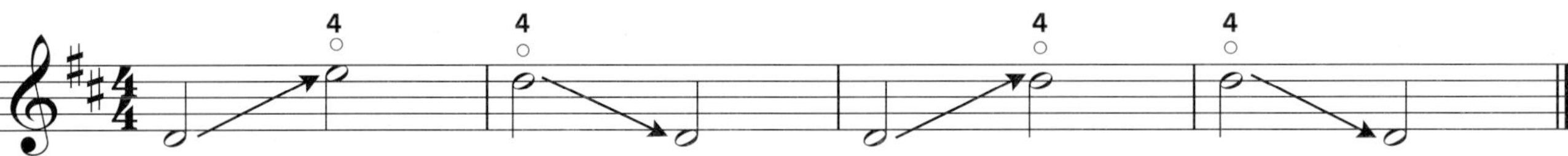

* 배음: 바탕음과 진동수 비율이 2배, 3배 등 정수배 관계인 음

레슨 15 를 위한 연주곡

Lovely Evening (아름다운 저녁)

세 명이 연주하는 돌림노래입니다. 두 번째 연주자는 여섯 마디 뒤에 시작합니다.

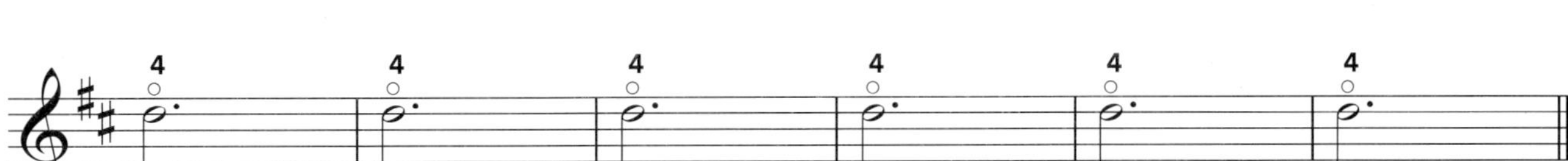

Sumer Is Icumen In (여름이 왔도다)

이 곡은 돌림노래입니다. 두 번째 연주자는 네 마디 뒤에 시작합니다.

갈매기 주법

아무 현이나 하나 선택해서 왼손으로 가장 높은 곳까지
미끄러져 올라가보세요.

이번에는 현을 누른 채로 1cm 가량 재빨리 미끄러져
내려오세요.

왼손이 미끄러질 때 활을 재빨리 아랫쪽으로 긋고,
바로 원위치 시켜주세요. 갈매기 소리가 들릴 거예요!

92-93 *Theme* (from Symphony No.1) 《1번 교향곡》 주제

Brahms

Canon (캐논)

Tallis

이 곡은 여덟 명까지 함께 연주할 수 있는 돌림노래입니다. 각자 앞 연주자보다 네 박씩 늦게 시작하세요.

94-95 *Auld Lang Syne* (작별)

스코틀랜드 민요

Lesson 11 ~ 15

1. 조표

알맞은 조표를 그리세요.

(5)

2. 점음표

왼쪽 악보에서 붙임줄로 연결된 음들을 점음표로 바꾸어 오른쪽에 새로 그리세요.

(5)

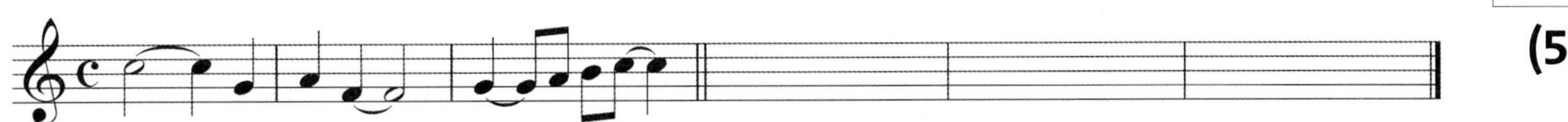

3. 아르페지오

a. 아르페지오가 될 수 있는 음을 찾아 동그라미하세요.
b. 이것은 무슨 음계인가요?

(6)

4. 음악용어

이 용어들은 무슨 뜻인가요?

(4)

Allegretto (알레그레토) _______________   **Fermata** (페르마타) _______________

Spiccato (스피카토) _______________   **Ritenuto** (리테누토) _______________

5. 기호

화살표가 가리키는 기호의 이름을 쓰세요.

(5)

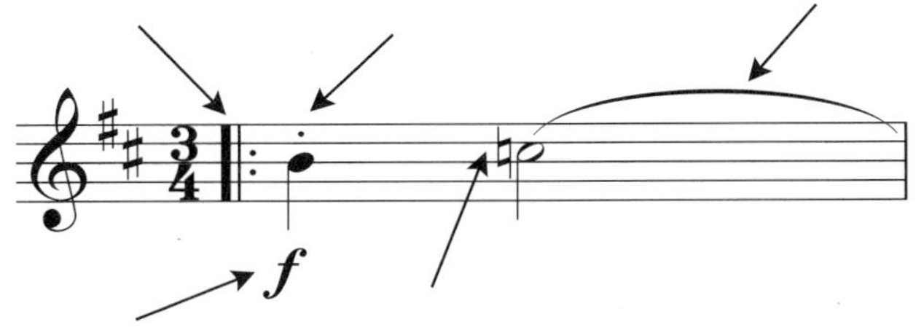

Total (25)

CD track

1	튜닝음 G	**37**	Ode To Joy *(반주)*	**71**	Scarborough Fair *(반주)*
2	튜닝음 D	**38**	Country Garden *(연주)*	**72**	Skye Boat Song *(연주)*
3	튜닝음 A	**39**	Country Garden *(반주)*	**73**	Skye Boat Song *(반주)*
4	튜닝음 E	**40**	Amazing Grace *(연주)*	**74**	Allegro *(연주)*
5	바이올린 연주의 예	**41**	Amazing Grace *(반주)*	**75**	Allegro *(반주)*
6	Lesson 1 연습 1 *(연주)*	**42**	Botany Bay *(연주)*	**76**	Nessun Dorma *(연주)*
7	Lesson 1 연습 1 *(반주)*	**43**	Botany Bay *(반주)*	**77**	Nessun Dorma *(반주)*
8	Tambour on the D string *(연주)*	**44**	Andante *(연주)*	**78**	When The Saints Go Marching In *(연주)*
9	Tambour on the D string *(반주)*	**45**	Andante *(반주)*	**79**	When The Saints Go Marching In *(반주)*
10	Hoe Down *(연주)*	**46**	Jingle Bells *(연주)*	**80**	Ecossaise *(연주)*
11	Hoe Down *(반주)*	**47**	Jingle Bells *(반주)*	**81**	Ecossaise *(반주)*
12	Lesson 2 연습 1 *(연주)*	**48**	Unto Us A Child Is Born *(연주)*	**82**	Bunessan *(연주)*
13	Lesson 2 연습 1 *(반주)*	**49**	Unto Us A Child Is Born *(반주)*	**83**	Bunessan *(반주)*
14	Frère Jacques *(연주)*	**50**	Good King Wenceslas *(연주)*	**84**	Abide With Me *(연주)*
15	Frère Jacques *(반주)*	**51**	Good King Wenceslas *(반주)*	**85**	Abide With Me *(반주)*
16	Au Clair de la Lune *(연주)*	**52**	While Shepherds Watched Their Flocks *(연주)*	**86**	Lullaby *(연주)*
17	Au Clair de la Lune *(반주)*			**87**	Lullaby *(반주)*
18	Hoe Down *(연주)*	**53**	While Shepherds Watched Their Flocks *(반주)*	**88**	Gymnopédie No.1 *(연주)*
19	Hoe Down *(반주)*			**89**	Gymnopédie No.1 *(반주)*
20	Merrily We Roll Along *(연주)*	**54**	The First Noël *(연주)*	**90**	Skye Boat Song *(연주)*
21	Merrily We Roll Along *(반주)*	**55**	The First Noël *(반주)*	**91**	Sumer Is Icumen In *(연주)*
22	London Bridge Is Falling Down *(연주)*	**56**	Silent Night *(연주)*	**92**	Theme from Brahms Symphony No.1 *(연주)*
23	London Bridge Is Falling Down *(반주)*	**57**	Silent Night *(반주)*	**93**	Theme from Brahms Symphony No.1 *(반주)*
24	French Folk Song *(연주)*	**58**	We Three Kings *(연주)*	**94**	Auld Lang Syne *(연주)*
25	French Folk Song *(반주)*	**59**	We Three Kings *(반주)*	**95**	Auld Lang Syne *(반주)*
26	Lavender's Blue *(연주)*	**60**	Once In Royal David's City *(연주)*		
27	Lavender's Blue *(반주)*	**61**	Once In Royal David's City *(반주)*		
28	Go From My Window *(연주)*	**62**	Deck The Halls *(연주)*		
29	Go From My Window *(반주)*	**63**	Deck The Halls *(반주)*		
30	Old Oxford *(연주)*	**64**	Skaters' Waltz *(연주)*		
31	Old Oxford *(반주)*	**65**	Skaters' Waltz *(반주)*		
32	Autumn *(연주)*	**66**	Moderato *(연주)*		
33	Autumn *(반주)*	**67**	Moderato *(반주)*		
34	Can Can *(연주)*	**68**	Yankee Doodle *(연주)*		
35	Can Can *(반주)*	**69**	Yankee Doodle *(반주)*		
36	Ode To Joy *(연주)*	**70**	Scarborough Fair *(연주)*		

부록 CD

트랙 1~4는 튜닝 트랙이고 트랙 5는
바이올린 연주의 예를 들려줍니다.
트랙 6부터는 책에 배치된 순서대로
악곡이 수록되어 있습니다.

그림 위에 적힌 숫자가 트랙번호입니다.

발행인 이병직
발행처 도서출판 뮤직트리

초판 1쇄 발행 2011년 6월 20일

출판신고 2003년 7월 11일 제 406 – 2003 – 00006호   121 – 840   서울시 마포구 서교동 395 – 179 미르B/D 3F   TEL. 02) 325 – 2592   FAX. 02) 334 – 4704

번   역 윤인영
감   수 이성주
편   집 강효정 · 박수연 · 윤인영 · 김지니
디자인 책임 이현정
디자인 진행 페이지 엠(www.page – m.com)

ISBN 978 – 89 – 6296 – 149 – 2
      978 – 89 – 6296 – 148 – 5 (set)

정가 10,000원

www.adventure.co.kr

부 록 Fingering Chart

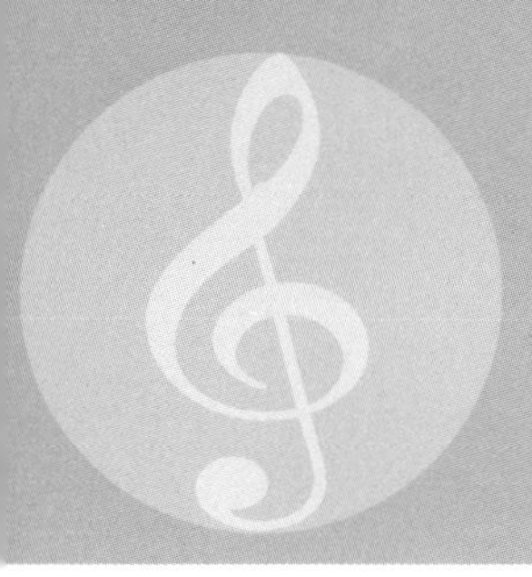

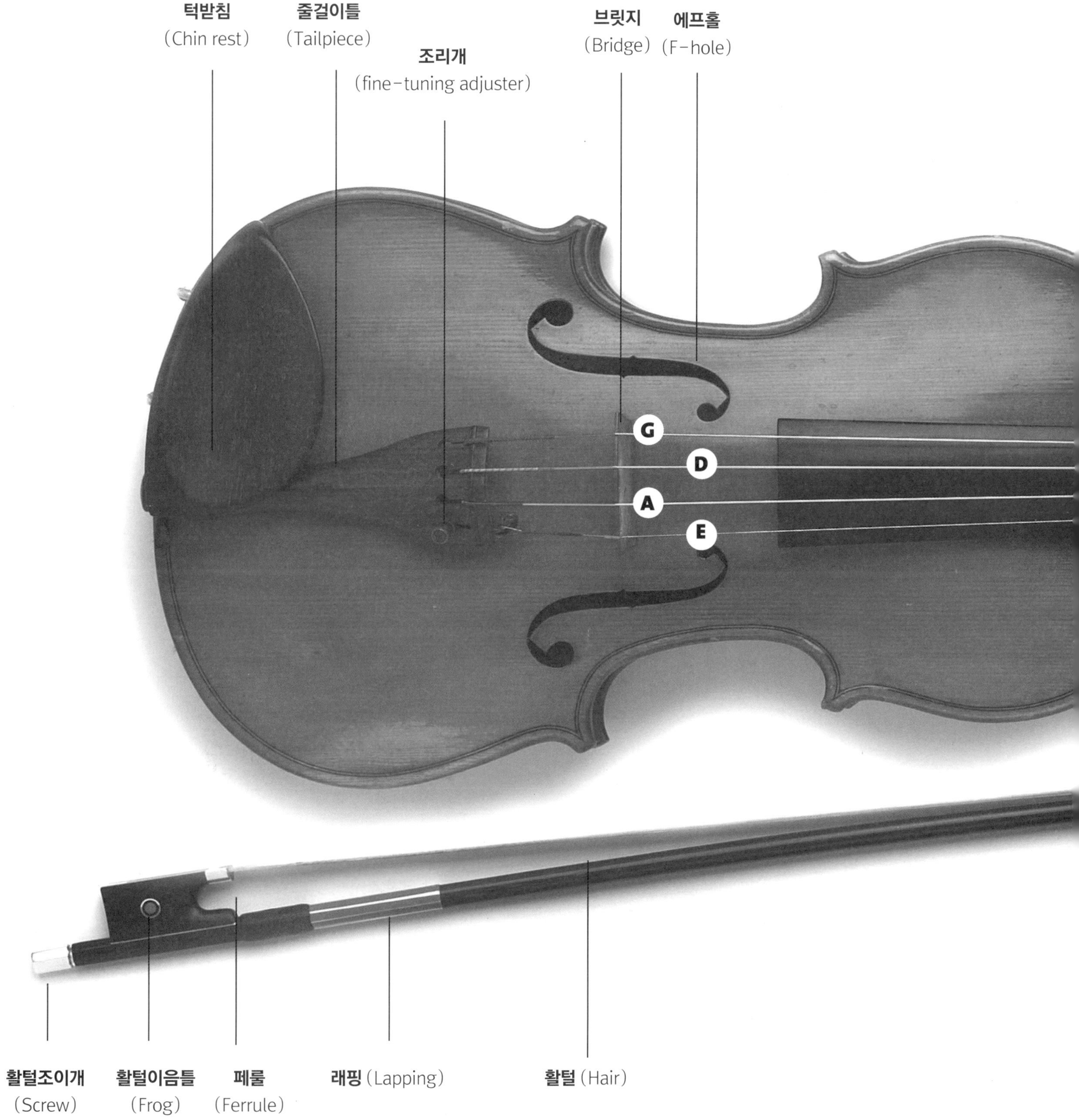

턱받침
(Chin rest)
줄걸이틀
(Tailpiece)
조리개
(fine-tuning adjuster)
브릿지
(Bridge)
에프홀
(F-hole)
G
D
A
E
활털조이개
(Screw)
활털이음틀
(Frog)
페룰
(Ferrule)
래핑 (Lapping)
활털 (Hair)

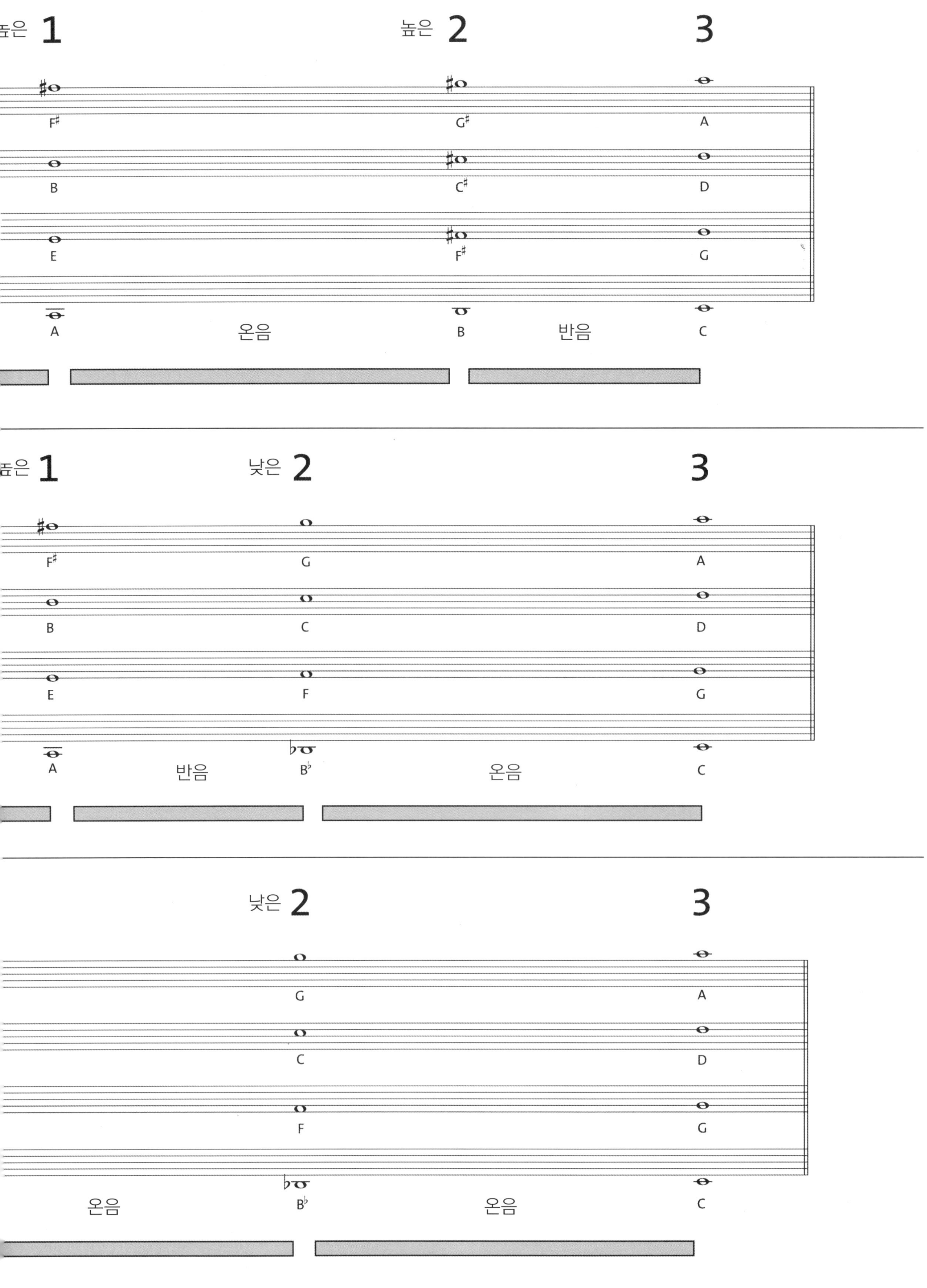
높은 1
높은 2
3
F♯
G♯
A
B
C♯
D
E
F♯
G
A
B
C
온음
반음
높은 1
낮은 2
3
F♯
G
A
B
C
D
E
F
G
A
B♭
C
반음
온음
낮은 2
3
G
A
C
D
F
G
B♭
C
온음
온음

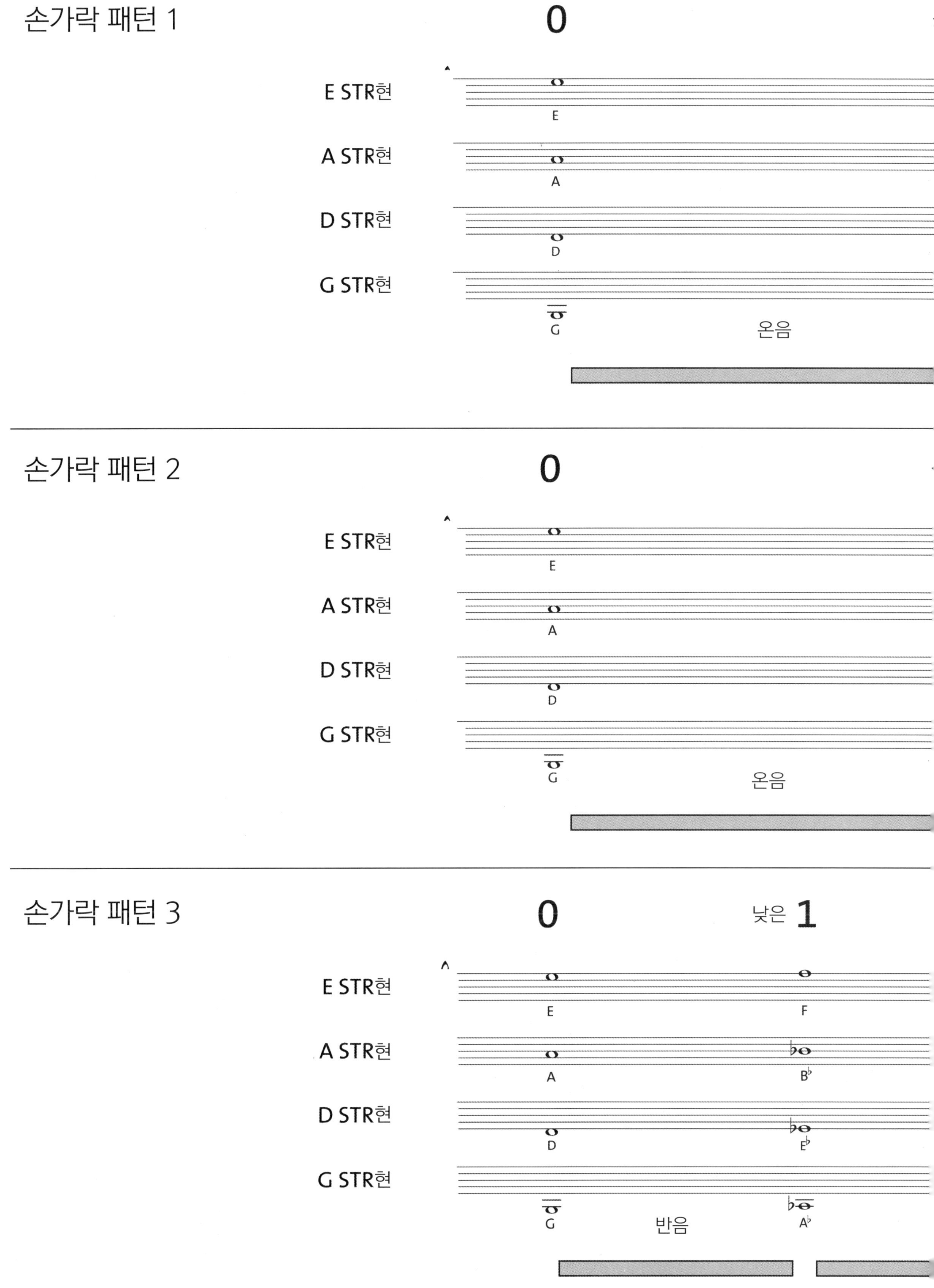
손가락 패턴 1
0
E STR현
E
A STR현
A
D STR현
D
G STR현
G
온음
손가락 패턴 2
0
E STR현
E
A STR현
A
D STR현
D
G STR현
G
온음
손가락 패턴 3
0
낮은 1
E STR현
E
F
A STR현
A
B♭
D STR현
D
E♭
G STR현
G
A♭
반음

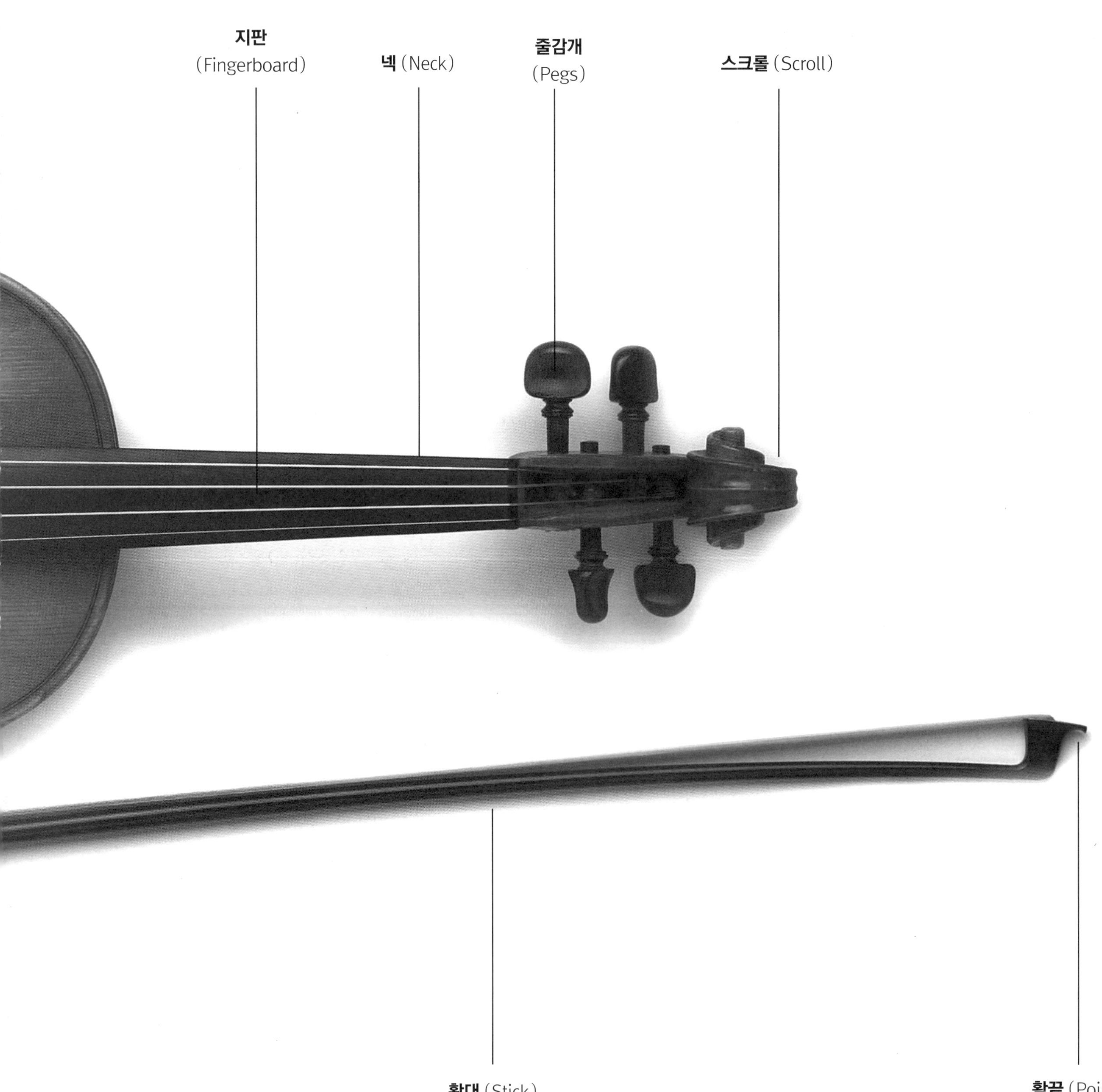

지판 (Fingerboard)
넥 (Neck)
줄감개 (Pegs)
스크롤 (Scroll)
활대 (Stick)
활끝 (Poir